中央高校基本科研业务费专项资金资助

南京大学文科双一流专项资金资助

心史文丛

孙江 主编

论究学术
阐求真理
昌明国粹
融化新知

# 魔都上海

## 日本知识人的「近代」体验

刘建辉 著

甘慧杰 译

凤凰出版社

# 图书在版编目（CIP）数据

魔都上海：日本知识人的"近代"体验 / 刘建辉著；
甘慧杰译. -- 南京 ： 凤凰出版社，2023.5（2023.12重印）
（学衡心史文丛 / 孙江主编）
ISBN 978-7-5506-3879-2

Ⅰ．①魔… Ⅱ．①刘… ②甘… Ⅲ．①文化传播—研
究—上海—近代 Ⅳ．①G127.51

中国国家版本馆CIP数据核字(2023)第050321号

| | | |
|---|---|---|
| 书　　　名 | 魔都上海：日本知识人的"近代"体验 |
| 著　　　者 | 刘建辉 |
| 译　　　者 | 甘慧杰 |
| 责 任 编 辑 | 孙思贤 |
| 装 帧 设 计 | 陈贵子 |
| 责 任 监 制 | 程明娇 |
| 出 版 发 行 | 凤凰出版社(原江苏古籍出版社) |
| | 发行部电话025-83223462 |
| 出版社地址 | 江苏省南京市中央路165号，邮编:210009 |
| 照　　　排 | 南京凯建文化发展有限公司 |
| 印　　　刷 | 南京爱德印刷有限公司 |
| | 江苏省南京市江宁区东善桥秣周中路99号，邮编:211153 |
| 开　　　本 | 880毫米×1230毫米　1/32 |
| 印　　　张 | 7.125 |
| 字　　　数 | 159千字 |
| 版　　　次 | 2023年5月第1版 |
| 印　　　次 | 2023年12月第2次印刷 |
| 标 准 书 号 | ISBN 978-7-5506-3879-2 |
| 定　　　价 | 78.00元 |
| | (本书凡印装错误可向承印厂调换，电话:025-57928003) |

# 目　录

# 序章　两个上海

**拐骗的城市**　"那个男人被上海了"——对于众多的读者而言，这句话到底是什么意思，恐怕全然摸不着头脑吧。其实，这句话是从英语那里过来的，意思是说，那个男人被拐骗到船上当了下等的水手。翻开词典，Shanghai 这一词条，除了解释为"中国的一个港口城市"，在当作动词使用的时候，确实可以解释为，"为了使某人充当水手，先将其灌醉，再拐带到船上，胁迫其就范"，系海员俗语之一。

另外，这个用法在日语中也出现过。例如，在活跃于昭和初期的小说家谷让次的作品中，有一篇名为《被上海的男子》(1925 年)的短篇小说，它以神户港为背景，讲述了一起外国船员制造的绑架事件的始末，简直就是对上述词典解释的具体描绘。

一座城市的名称被当作动词来使用，这在世界上是绝无仅有的。也许，这一事实比其他任何事实都更能说明曾经被冠以"魔都"之名的上海的"魔性"。而且，上海的这种"魔性"，比当时纽约、伦敦、巴黎、东京等世界级大都市中的任何一个更激进、更突出。的确，人们把 20 世纪前半叶的某个时期的上海，形容为"冒险家的乐园""欢乐之都""东方的巴黎"，赋以各式各样梦幻般的绰号，称为能够使所有人实现其梦想与欲望的地方。总之,这是一座"世界上最受人瞩目"①的城市。

　　**两个异质的空间**　那么,使上海成为上海的这种凌驾于世界其他大城市的"魔性",究竟源自何方? 这个问题的答案,或许可以归结为"辐辏的时间性",②例如,仅仅在 150 年的短时期内,上海便轻易地走完了西方的近代化历程。但是,在考察时间性的同时,必须更多地考察地缘政治学的特殊性,亦即"辐辏的空间性"。

　　这是因为,今天我们所指的上海,实际上被分割成两个性质完全不同的空间,一个是以旧上海县城为中心的拥有 700 多年历史的传统空间,另一个则是以所谓的"租界"为中心的仅有 150 年历史的近代空间。

**图一　旧上海县城城墙**

　　而且,直到 1912 年旧县城的城墙被拆除之前,这两者之间有着非常明确的"边界线",分别由上海道和工部局这两个彻底不同的行政机

---

①　[美]波特著,[日]土方定一、桥本八男译:《上海史》,生活社,1940 年。
②　[日]藤原惠洋:《上海——疾驰的近代都市》,讲谈社现代新书,1988 年。

构进行管理。在此意义上,上海的近代,可以说是拥有举世无双的"江南"这一宏大的传统文化背景的县城,与被西方列强殖民统治的租界相互冲突、相互融合的过程。可以认为,这两个背反的异质空间的相互侵犯乃至相互渗透,酿成了上海这种"魔性"的过激化。

具体来说,比如在"租界"这个近代化的空间内,涌入了大量的茶馆和妓馆等传统生活娱乐设施,于是,"租界"的资本主义均一性经常面临着被破坏的危机。而在"县城"——这个以纵横交错的水路为运输网络的传统空间内,出现了许多条从"租界"延伸出来的被视作"越界筑路"的干线道路,它们不断地蹂躏着往常"水乡"的秩序。

另外,正是这两个空间无休止地"越界",使上海形成了一种所谓的"杂糅"的城市空间,同时,这也是上海具有凌驾于世界其他大城市的"魔性"的最大原因。①

**不存在民族主义的城市**　后面将要提到,由于上海具有这种强韧的"杂糅"性格,它不光影响着中国内部,也给东亚其他国家带来了巨大的影响。在很长一段时期内,上海作为该地区的西方资本主义的"圣地",不断地向周边地区提供各种各样有关"近代"的信息。而且,由于上述的原因,这种"近代"从一开始就呈现出一种世界主义者的样态,在这里,不仅完全不存在具有向心力的民族主义,甚至对于所谓的以想象力的共同体为前提的"国民国家"包藏着破坏作用。

在此意义上,虽然上海"疾驰"了近代化历程,却没有陷入特定的民族主义陷阱,上海的这种存在方式在世界上极为罕见。在迎来21

---

① 把上海理解为"杂糅"的城市空间的书籍,可以参考高桥孝助、古厩忠夫编:《上海史——巨大都市的形成与人们的营生》,东方书店,1995年。

世纪的今天，更确切地说，正是在这 21 世纪全球化的时代，上海过去的各种包含正负两面的历史经验，更有必要被当作珍贵记忆予以重新审视。这也是必须把上海作为一个课题进行研究的原因。

**为对付倭寇而修筑的城墙**　基于上述原因，本书旨在阐论上海的"多面性"，尤以日本人对于上海的各种"记忆"为侧重点。为了使今后的阐述更加明确，也许是画蛇添足吧，先简单地概说一下上海的历史与地理，以及上海对于各个时代日本人的意义。

如前所述，今天我们所说的上海，实际上包含着两个不同历史的"上海"。一个是以拥有 700 多年历史的旧县城为中心的"上海"，另一个是 150 年前由欧美列强忽然打造的、以所谓的"租界"为中心的"上海"。两者之间"边界"的变迁，历尽了曲折。直至 1945 年 8 月日军占领结束之前，这两个空间还是由两个截然不同的行政机构管理着。

上海简称"沪"，这来源于上海的古称"沪渎"。沪是一种用竹子制作的形状如同栅栏的渔具，"渎"是指注入大海的河口。把"沪"排列起来在河口捕鱼，是谓沪渎。可见，上海开始的时候是一个名副其实的渔村。

位于现在上海西郊的龙华寺，相传建造于遥远的三国时代，在这附近的龙华塔，据说是当时东吴孙权施舍建造的，由此可知，这个"渔村"具有非常悠久的历史。

不过，上海首次设置行政机构，是在时代较晚的宋朝。南宋咸淳三年（1267 年），上海设置了"市舶司"的分司，管理货物检查、关税征收等事务，由此，上海逐渐成了上海镇。到了元朝元世祖至元十四年（1277 年），在上海镇设置了市舶司，15 年后的至元二十九年（1292 年），上海终于升格为当时的最小独立行政单位——上海县。当时，上海约有七万二千五百户人家(明正德《松江府志》)。

升格为县的上海,在很长时期内没有其他县城理应拥有的城墙。这有几个原因,其中主要是因为该地区"素无草动之虞"(明弘治《上海志》),很少被战乱波及。然而,进入明朝中叶之后,长时期的和平突然被破坏——倭寇袭来了。

根据《明史》等记载,嘉靖三十二年(1553 年),从四月到六月,上海前后被倭寇侵袭多达五次,不仅许多居民惨遭杀戮,而且半个县城化作了焦土。为了防备倭寇的再犯,从该年九月开始,官府快速地修建环绕上海的城墙,仅用两个月时间,建成了周长九里(一里约六百米)、高二十四尺(一尺约三十二厘米)、拥有六个城门的城墙。如前所述,该城墙直到 1912 年才被拆除,因此,它守护着上海长达 360 年。

这个被新城墙包围的城市空间,给以后上海文化的形成带来了巨大影响。虽然有些牵强,但在某种意义上可以说,"上海"简直是由倭寇"制造"的。

**通往大海的门户**　上海在建成城墙的时候,已经充分发展成一个地方商业城市。表现为:一、这个时期的上海集中了众多的棉纺织业者,成了全国性的棉纺产品市场的中心。二、由于内陆水路运输业的急速成长,其贸易额达到每年数百万两白银。[①] 上海的繁荣,虽然后来因清军侵略带来的战乱而呈倒退趋势,但其"东南之壮县"的地位,自明朝中叶以后保持了一百多年时间。

给上海这个地方城市带来更为决定性飞跃的契机,是清朝康熙二十三年(1684 年)出台的展海令。康熙二十二年(1683 年),长期以台

---

① 朱国栋、王国章编:《上海商业史》,上海财经大学出版社,1999 年。

湾为据点与清朝对抗的郑成功的后裔向清朝投降，海上的抵抗势力自此完全被消除，清政府于翌年立即颁布了废除以往海禁的展海令。康熙二十四年（1685 年），清政府在上海设置了管理内外贸易的江海关，迅猛地推行积极的对外贸易政策。

江海关的设置，使上海这一地方城市的地位摇身一变。因为在当时，除了江海关，在中国沿海地区设置海关的城市只有三个：广州（粤海关）、厦门（闽海关）、宁波（浙海关）。加入这几个城市的行列，意味着上海已经成为全国性的内外贸易中心之一。

江海关设立后，在对内贸易中，由沙船带动的海运业再度迅速发展，在对外贸易中，早在江海关诞生的那一年，已经有十三艘贸易船被派遣到了日本。从此，上海开始向世人展示其东南沿海门户的姿态。

后面将要提到，当时日本把从上海航行到长崎的沙船称作南京船，并且把南京船与从乍浦出港的宁波船并称为口船。由包括口船在内的沙船带动起来的贸易活动，不仅使上海逐步变为东亚的重要港口，同时也给该地区带来了空前的繁荣。另外，明朝末年，县城内只有十条马路，到 19 世纪初，已经发展到六十条以上。道路的两侧，各式各样的商店鳞次栉比，仅钱庄（旧金融机构）就有几十家。这一时期，上海的对日贸易极为繁盛，这也从一个侧面反映了日本对上海的繁荣所作的贡献。

**租界的诞生**　道光二十五年（1845 年），在这个拥有五百多年历史的"上海"的北郊，诞生了另一个"上海"（租界）。那一年，是上海被迫开埠后的第三年（1842 年鸦片战争失败，中国被迫与英国签订《南京条约》，上海被列为五个通商口岸之一）。该年十一月，当时的上海道台（地方长官）宫慕久与首任英国领事巴富尔经过多次协商后，颁布了第一次《土地章程》，规定清政府将沿黄浦江周围约 0.5 平方公里的土地划为租界，作为英国商人的居留地。

当然，在县城以外的地方开辟居留地，原本就是英国方面的要求。

但是，从《土地章程》所规定的"华洋分居"等条文可以看出，这实质上是中国方面试图限制外国人活动范围的一种"隔离政策"。英租界设立后，1848 年和 1849 年，美租界和法租界相继设立在英租界的北边界吴淞江对岸的虹口一带，以及南边界洋泾浜的对岸。这三个先后设立的租界，成了上海"近代城市"的原型。

租界虽然拥有一定自治权，但在"华洋分居"的原则下，根本上还是处于中国方面的管辖之下。然而，租界在设立后不到十年的时间内，很快地变换了它的性质。原因之一，是 1853 年 9 月爆发了秘密结社小刀会的武装起义。由于农民军占领上海县城达一年半之久，因此产生了大量的难民，他们之中的很多人逃到毗邻的三个租界之中。

由于这个突发事件，原来"华洋分居"的原则彻底崩溃了。此后，中国方面和租界方面都只能接受所谓"华洋杂居"的现实。1854 年 7 月，当时的英国领事阿礼国以应付新的局面为由，与美、法领事进行协商，对中国方面采取先斩后奏的形式，单方面修改了原来的《土地章程》，公布了第二次《土地章程》。

在第二次《土地章程》之中，包含了确定 1848 年协议的英租界新边界、默许中国人在租界内居住、设置"巡捕"（警察）等内容。但是，最重要的项目，莫过于由三国领事召集相当于市议会的"租主"（租地人）会议、设置工部局作为执行机关这两项。特别是工部局，几乎被赋予了"市政府"的机能。工部局成立之后，租界几乎脱离了中国政府的管辖，开始了"自治"的进程。

**完整的行政系统的建立** 实现了"自治"的租界，在开始的时候，以被正式承认新边界的英租界为中心，在地理上英租界依旧与其他两个租界相互分离，但在行政上，由新设的工部局统一管理三个租界。而且，这个体制历经 1850 年代，维持了近十年时间。之后，以 1862 年太平天国进攻上海为契机，租界迎来了更大的变革。

为了防备太平天国的多次进攻、加强租界整体的防卫，大约在 1862 年的年初，英、美租界开始谋求合并。在此之后，中美划定了原本模糊的美租界边界。1863 年 9 月，英、美租界在工部局的名义下正式合并，改名为外国租界（Foreign Settlement）。

与英美租界合并差不多同时，法租界方面已经对从一开始就令其极为不满的英国主导的租界运作失去了信心，于 1862 年 5 月，在英、美租界正式合并之前抢先一步，单方面宣告从统一的行政系统中脱离出来，设立独立的行政机关——公董局。

当然，合并后的外国租界进一步扩大其管辖地区，并大大增强了行政能力。不过，虽然这种"自治"的现实有所进展，但另一方面，由于在原先的《土地章程》中，作为"自治"根据的记述是以极为模糊的形式记录下来的，因此，事实上，在以后的行政运作过程中，产生了许多障碍。

于是，鉴于太平天国运动造成更多的难民频繁涌入租界这一现实，租界当局于 1869 年再次单方面修改了章程，公布了第三次《土地章程》。

这个新的《土地章程》，首先，将原来的租地人会议扩大为纳税外人会议，赋予其审议租界预算、选举工部局董事会（市参事会）等权限，使其完全拥有市议会的机能。

其次，进一步加强工部局原先的权限，将各种权限分担给各委员会，赋予工部局作为市政府的所有机能。例如，在工部局之下，设置警务处、火政处（消防署）、卫生处、教育处、财务处等与市政有关的机构，形成了一套完整的行政系统。

**向"独立国"迈进**　在这个第三次《土地章程》公布之前，工部局方面于同年 4 月颁布了关于居住于租界内中国人审判权的司法规定。根据这个名为《洋泾浜设官会审章程》的规定，对居住于租界内中国人的审判，由上海道台派遣的"同知"（审判官）在设置于租界的"会审公廨"内进行。但是，如果当事人一方是外国人或外国人雇佣的中国人，则必须与领事或领事认定的陪审官一起进行审议，而且，如果被告不服判决，则可向上海道台和领事馆双方进行上诉。

这样，两个新《章程》颁布后，所谓的"外国租界"，只有在司法权上残留了一些模糊的味道，但在立法和行政领域内，可以说以完整的形态建立了一个"独立国"。而且，这个"独立国"体制，在其后的 19 世纪末，随着"领土"的进一步扩大，其名称也相应地从"外国租界"变为"公共租界"，大约一直存续到 1937 年日军发动了"八一三"事变为止。

另外，1862 年拒绝加入"外国租界"、设立了独立行政机关公董局的法租界，它的公董局不仅具有与工部局大致相同的机能，而且颁布了与英、美租界的第三次《土地章程》内容非常相近的《公董局组织章程》（1866 年），还设置了与"会审公廨"同样的审判机构。在此意义上，虽然法租界与"外国租界"在实际运作上有所不同，但可以认为，法租界与"外国租界"一样，也建立了一个"独立国"。这个"独立国"在 19 世纪末两度扩大了其"领土"，由于在地理上更接近于县城，所以，可以说，它以不同于"公共租界"的形态，对"近代上海"的形成作出了贡献。

**马赛克城市**　这样，仅就"租界"而言，如果考察其内容，就会发现，那里至少存在着三个不同的"空间"。不用说拥有独立行政机关的法租界，在行政上合并的英租界和美租界之间，也因"住民"性格的不同，呈现出大异其趣的景观。这三个不同的"空间"，再加上原来的县城及其背后的传统水乡，上海形成了一个世所罕见的极为不合常规的城市空间，简直称得上是一个马赛克城市。

下面，对本书的舞台——上海这个马赛克城市的地理作一简略介绍，并稍涉 20 世纪初各空间的特色。

首先是公共租界的中央区和西区，也就是旧英租界，它可以说是上述四个空间的中心部分。如前所述，该地区是作为外国人居留地的租界设立之后的最初区域，它的范围是：南北夹在苏州河与洋泾浜（今延安东路）两条水路之间，东临外滩，西至静安寺一带的极司非而路（今万航渡路）。

在这个空间内，被称作上海"大门"的沿黄浦江的外滩，以及与外滩垂直的六条平行马路（北京路、南京路、九江路、汉口路、福州路、广东路），构成了该区域的基本轮廓。相当于"内院"的跑马场，作为上海最大的"休息"场所，也是不容忽视的。

如果把各国领事馆、银行、洋行林立的外滩比作政治乃至资本的空间，那么，以百货店为首的五花八门的商店鳞次栉比的南京路，则显然是一个商业或者消费的空间。而拥有众多茶馆、妓馆和戏园（剧场）的福州路，可以算作是一个极富特色的娱乐空间。

顺便说一下，代表着二十世纪二三十年代上海的先施、永安等百货大楼，被称作"四大公司"，它们几乎都坐落在南京路上。另一方面，那个时代茶馆的代表青莲阁以及妓馆的集中地会乐里，均位于福州路上。

　　**一大娱乐天堂**　其次是位于旧英租界南边的法租界。它的南北两边分别是县城和英租界，也就是说，法租界是横穿这两者之间的一个狭长区域。20世纪10年代以后，这个空间明显地膨胀了，尤其是它的西端延伸到了远郊的徐家汇。不过，所谓的法租界，依旧以最初的那个区域为中心。在主干道霞飞路（今淮海路）的两侧，林立了众多的商店，因此常常被视作是商业的空间。然而，与这个特征并不矛盾的是，法租界是一个非常享乐的空间。

　　也许是与县城接近的缘故，法租界成了茶馆、妓馆、烟馆（鸦片窟）"三馆"集中的区域。到了20世纪20年代，尽管公共租界等地方打出了"禁娼"、"禁烟"（禁止吸食鸦片）、"禁赌"的旗号，但法租界依然故我。由于法律认可这些行为，这些娱乐设施日益增多，终于造就了一大娱乐天堂。

　　另外，二十世纪二三十年代上海具有代表性的综合娱乐设施"大世界"、最大的赌场"席家赌场"（俗称"一八一号"）、以摩登赌博闻名的"回力球场"、东亚最早的跑狗场"逸园跑狗场"等，都坐落在法租界。由于它们的存在，法租界变得极其激进化了。

　　再次，是与法租界相邻的以县城为中心的传统空间。它以原有的上海县行政机关县衙门、祭祀上海土地神的城隍庙，以及中国式的庭院豫园为中心。由这些设施营造出来的氛围当然与租界迥异。这里虽然显得混沌了一些，但依旧维持着土生土长的秩序。假如一不小心踏入在其背后的传统"水乡"，眼前便展开了中国江南特有的悠闲的田园风景。

　　**混沌的魅力**　最后是四个空间之中位于最北面的公共租界的北区和东区，也就是旧美租界。这个地区是苏州河以北的沿黄浦江的一块广阔区域。虽然被称作美租界，但实质上美国的"居民"并不是很多，毋宁说它的大部分区域被日本人"占据"了。其中，虹口地区俗称日租界，那里集中了日本的各种设施和面向日本人的商店，据说，最多的时候，有超过十万的日本人居住在那里。它稍稍偏离了租界的中心，夹在了两侧的工厂地带之间。这个区域没有形成像租界中心那样繁华的商业、消费空间，而是由部分的跳舞厅、电影院等娱乐设施，支撑着它的"繁荣"。

顺便提一下，本书后半部分登场的各个主人公，例如横光利一、金子光晴和吉行荣助等人，都以这个区域为据点，他们每天从该区域的主干道四川路出发，到租界中心去"探险"。

以上极为简要地介绍了上海的四个空间，从已经指出的各个特征可以看出，这四个空间因各自的"法律"和"秩序"的不同，明显地呈现出城市景观的多样性。另一方面，由于它们之间的相互渗透，出现了罕见的异文化的越界乃至融合的现象，产生了世界性大都市特有的极其"混沌"的景观。正是它的"混沌"，使作为"魔都"的上海更具魅力，也使上海作为一个国际都市更具"包容力"。

**近代国家的"起爆剂"**　然而，呈现出各式各样面貌的上海，与日本人究竟有何关系呢？这个"杂糅"的上海，对于日本和日本人来说，究竟是怎样一个地方？为了回答这一系列的问题，笔者首先想把这一段历史分为幕末和明治以后两个时期来叙述。

这是因为，以明治维新为分水岭，上海对于日本人的意义完全发生了变化。明治维新以前的上海，主要是对作为"国家"的日本作出了贡献；而明治维新以后的上海，毋宁说是对作为"人"的日本人作出了各种贡献。这就是这两个时期的最大区别。

对于幕末时期的日本来说,上海在两个意义上是非常重要的。其一,作为用于殖民统治而设立的"租界",形成了东亚资本主义的"最前线",实际上日本从那里获取了大量的西方信息。其中,由传教士出版的各种汉译洋书不仅传播了欧美的知识,同时也提供了以西方列强为模式的某种国家观念以及国家形象。在原先的幕藩体制行将崩溃之际,这对于众多认真寻求新"国家"形态的有志之士来说,是最为必需的。

其二,租界的设立,使上海成了欧美距离日本最近的"入口",租界自身也被视作距离最近的"西洋"。其实,幕末时期,许多武士在渡欧途中,特意造访了上海,他们一概在这块土地上体验了"西洋",而且,通过这种体验,首次受到了所谓"文明"的冲击。

另一方面,对于那些不断地目睹租界"上海"对县城"上海"进行压迫的武士们来说,上海的这种现实是一个绝好的"反面教材",这种悲惨的状况,时常鞭策他们使日本走向"近代"的决心。

这样,幕末时期出现的从上海传入的西洋信息、武士们所接受的"文明"的冲击,以及西方列强殖民统治的现实这一反面教材的作用,所有这些,都是促成日本"觉醒"的重要条件,也是建立近代日本不可或缺的要素。在这个意义上,19世纪中叶的上海,对于中国本身以及日本来说,的确是一种"近代国家"的"起爆剂",给"近代国家"这个新起点带来了重大影响。

**距离最近的"乐园"**　然而,对于日本来说,到了明治时期,上海曾经所起到的这种作用开始迅速褪色。这是由于,在这个时期,日本已经独立地标榜"文明开化",开始直接从欧美引进近代各项制度,因此,昔日作为"中转地"的上海,基本上失去了原有的意义。

但是,更为根本的原因是,对于推进以民族主义为基石的具有向心力的"国民国家"的明治日本而言，上海的"近代"已经成了它前进路上的障碍，而绝不是一个有益的要素。

之所以这样说，是因为上海的"近代"只存在于列强的租借地内，它从一开始便与"国民国家"具有不同的身份。在某种意义上，对于以想象力的共同体为前提的"国民国家"来说，它几乎是一种类似于"破坏装置"的东西。不论它那多种多样的内容是好是坏，总之已经脱离了"近代国家"的范畴。从中国内部来看是如此，从日本的角度来看也是如此，没有什么不同。

于是，幕末时期不断地为日本传播各种"近代国家"信息的上海，在明治国家成立之后，它对日本的意义可以说完全倒了过来。在它所肩负的新作用当中，作为日本扩张到大陆的"基地"的色彩变得浓厚起来。

但是，正因为上海超越了明治国家的民族主义，它不属于中国、日本甚至欧美等某个特定国家，因此，它作为完全"自由"的新天地，日益散发着特有的魅力。对于被"近代国家"日益束缚手脚的"闭塞"的日本来说，上海正好是一个寄托"浪漫"的对象，是一块实现"冒险"梦想的绝好土地。

因此，除了政治、经济上的意义，19世纪70年代以后的上海，对于作为"国家"的日本而言，并不是一个十分重要的地方，但是，对于众多梦想"脱离日本"的日本人来说，这个混沌的都市，确实是一个距离最近的"避难所"，而且是距离最近的"乐园"。另外，明治以后，实际上有大量的日本人乘船来到上海，这些人当中，除了一部分是政府和军部派遣的大陆扩张政策的推进者，大部分人在这块土地上所要寻求的，是它与日本"内地"不同的"近代"的存在方式。也可以说，上海好比一种"装置",能使日本人感受到与日本国内现实截然不同的另一面。

基于以上的论述,本书的前半部分主要把焦点集中于幕末日本与上海的关系上,追踪上海对于近代日本"国民国家"的成立究竟起过什么作用。后半部分把焦点集中于明治以后日本人对上海的体验上,试图说明上海在个人的思想上留下了什么痕迹。在此意义上,本书是一部上海论的同时,也是一部以上海为素材的日本乃至日本人论。

# 第一章　武士们的上海

## 一、资本主义的"最前线"——志士们的"西洋"体验

**"桥头堡"**　19 世纪中叶的东亚,如同后文详述的那样,伴随着以"近代国家"姿态出现的租界的成长,形成了一个以上海为中心的包含贸易、交通、信息等领域的近代化网络。而且,在这个网络中,不仅包括了中国国内,也把隔海相望的幕末日本圈了进去。

这个事态不仅意味着上海已经成为列强在东亚进行扩张的"最前线",同时意味着,中国被迫在更广的范围内"门户开放"之后,作为列强第二个目标的日本,将被迫走向"开国"的历程,而上海正好起到了"桥头堡"的作用。

反过来,如果从日本看上海,则上海仿佛是近在眼前的代表资本主义的"近代化"本身,虽然不是唯一的,但确实是走向西方的距离最近的"入口"。

这是因为,在驶往欧洲的定期航线仍以香港或上海为起点的当时,日本人如果想要出洋,则必须选择这两个地方中的一个上船。他们在这两个地方的所见所闻,好歹可算作是他们初次体验了"近代"。

也就是说,许多出洋者在踏上上海和香港这两块资本主义扩张和

列强殖民统治的"最前线"的土地时,首先接触了"西方",然后,如同追溯西方各国进入亚洲的足迹那样驶往欧洲。在这个意义上,他们在以上海为首的各地所进行的"西方体验",具有非常重要的意义。从另一个角度来说,这种体验不仅影响了他们对西方的认识,而且还影响了他们对中国的认识、对亚洲的认识,以及对日本自身的认识。

在这里,由于香港已超出了本书的题目范围,故省略之。下面将对那些出洋者们(几乎是幕府的官吏和各藩的武士)的上海体验作一些考察。

**出洋者半数到过上海**　从"安政开国"(1858 年)到"明治维新"(1868 年)的大约十年时间内,江户幕府为了处理各种外交问题,前后共七次派遣大大小小的使节团到欧美诸国。

具体来说,第一次,为签订《日美友好通商条约》,幕府于 1860 年派遣了搭乘"咸临丸"的新见正兴遣美使节团一行。第二次,以江户、大阪、兵库等地的开市、开港的延期交涉为任务,幕府于 1862 年向欧洲的主要国家派遣了竹内保德率领的遣欧使节团。第三次,为了进行横滨锁港的外交交涉,1864 年,幕府向法国派遣了池田长发遣法使节团。第四次,为了筹备横滨制铁所建设等事宜,幕府于 1865 年向法国和英国派遣了柴田刚中使节团。第五次,为达成日俄国境划定协议,1866 年幕府派遣了小出秀实使节团,他们经由欧洲访问了俄国。第六次不是为了外交交涉,而是为了购买军舰和武器,幕府于 1867 年向美国派遣了小野友五郎使节团。最后第七次,幕府于 1867 年派遣了德川昭武率领的代表团,他们代表幕府将军德川庆喜参加第二届巴黎万国博览会。

此外,幕府和一部分有实力的藩也多次向西洋各国派遣了留学生，其中主要有以下六次：第一次，幕府于1862年向荷兰派遣了榎本武扬、赤松则良、津田真道、西周等一行九人；第二次，长州藩于1863年秘密地向英国派遣了井上馨、伊藤博文等一行五人；第三次，1865年，萨摩藩在托马斯·哥拉巴的协助下，向英国派遣了五代友厚、寺岛宗则、森有礼等一行共十九人；第四次，幕府于同年向俄国派遣了市川兼秀（文吉）、山内作左卫门等六人；第五次，幕府于1866年向英国派遣了由中村正直、川路太郎率领的一行十四人；第六次，实际上是前述的德川昭武使节团的原班人马，除了一部分人，该使节团在公务结束后，按原计划直接转变成留学生的身份留在法国。

这样，在幕末最后的十年间，实际上已有许多幕府官吏和藩士渡航前往欧美诸国。关于以上的七次遣外使节团和六次留学生团，为了明确其足迹，在此简单地总结在两张表格（表一、表二）内。从两张表格可以看出，除了一部分搭乘军舰、商船的直达派往国的例子，大多数的使节团和留学生团都必然地经由香港或上海，前往欧美诸国，其中经由上海者达五次。

这个事实证明了上海作为西洋的“入口”的地位，但比这更重要的是，这时期，接近半数的出洋者们，已经对上海有所体验，并且从这些体验当中受到了巨大的“冲击”。

#### 表一　幕末派往欧美各国的使节团的状况

| 派往国 | 派遣年 | 目的 | 主要成员 | 备考 |
|---|---|---|---|---|
| 美国 | 1860 | 批准交换《日美友好通商条约》 | 新见正兴<br>小栗忠顺<br>木村芥舟 | 搭乘美国军舰“帕沃坦”号出洋，归途经由香港 |

续表

| 派往国 | 派遣年 | 目的 | 主要成员 | 备考 |
|---|---|---|---|---|
| 法、英、荷兰等 | 1862 | 开市、开港延期交涉 | 竹内保德<br>福地源一郎<br>福泽谕吉 | 搭乘英国军舰"奥丁"号出洋，来回都经由香港 |
| 法 | 1864 | 横滨锁港交涉 | 池田长发<br>田边太一<br>杉浦让 | 搭乘法国军舰、邮船出洋，来回都经由上海 |
| 法、英 | 1865 | 横滨制铁所工程师招聘等 | 柴田刚中<br>福地源一郎 | 搭乘英国邮船出洋，来回都经由上海 |
| 俄 | 1866 | 日俄国境划定协议 | 小出秀实<br>箕作秋坪 | 搭乘法国邮船出洋，经由马赛 |
| 美 | 1867 | 购买军舰、武器 | 小野友五郎<br>松本寿太夫 | |
| 法 | 1867 | 参加第二届巴黎万国博览会 | 德川昭武<br>杉浦让<br>涩泽荣一 | 搭乘法国邮船出洋，经由上海 |

**表二　幕末派往欧美各国留学生团的状况**

| 派往国 | 派遣年 | 目的 | 主要成员 | 备考 |
|---|---|---|---|---|
| 荷兰 | 1862 | 幕府派遣留学 | 榎本武扬<br>赤松则良<br>西周 | 搭乘荷兰商船卡里普斯号出洋，经由爪哇 |
| 英 | 1863 | 长州藩派遣留学 | 井上馨<br>伊藤博文 | 搭乘英国商船出洋，经由上海 |
| 英 | 1865 | 萨摩藩派遣留学 | 五代友厚<br>寺岛宗则<br>森有礼 | 搭乘英国商船、邮船出洋，经由香港 |

| 派往国 | 派遣年 | 目的 | 主要成员 | 备考 |
|---|---|---|---|---|
| 俄 | 1865 | 幕府派遣留学 | 市川兼秀<br>山内作左卫门 | 搭乘俄国军舰出洋 |
| 英 | 1866 | 幕府派遣留学 | 中村正直<br>川路太郎 | 搭乘英国邮船出洋，经由上海 |
| 法 | 1867 | 幕府派遣留学 | 德川昭武<br>杉浦让<br>涩泽荣一 | 搭乘法国邮船出洋，经由上海 |

注：本表参考了富田仁编《渡海的日本人名辞典》、石附实著《近代日本的海外留学史》及其他著作。

**宴会、钢琴、照相——遭遇西洋事物**　那么，这些遣外使节和留学生究竟在上海体验到什么、受到了什么样的冲击呢？这里试就他们的历程作比较具体的描述。

首先介绍一下1864年派往法国的池田使节团的动向。在该使节团的一个成员、幕府大臣杉浦让自撰的《奉使日记》中，对在上海上岸前后的情景作了如下的记述：

　　六日拂晓，到达扬子江口，江面宽阔，岸无际涯，苍波渺茫。三点抵达吴淞江（陈化成战死之故迹），五点抵达上海，停船下锚。七日上岸，宿于英人客舍。（中略）客舍临江而筑，景致尤佳，帆樯烟连，一目千里。望处旗帜随风飘摇，而知通商之盛况。西人南客，一席同餐，欢语相接，而觉通信之真诚。此江水极深，其岸际竟足以容纳巨舰，据说，碇舶之船约有五百艘。①

————————

① ［日］杉浦让：《奉使日记》，《杉浦让全集》第一卷，杉浦让全集出版会，1978年。

这是第一次离开日本的杉浦让对开埠 20 年的上海的"通商之盛况"和"通信之真诚"的感叹之语。其实,他们一行下榻的"英人的客舍",是那个时代上海屈指可数的英国式宾馆,从面临外滩的这幢两层建筑的客室一眼望去,上海港的繁荣景象正好可以尽收眼底。

而且,在这幢洋房里(礼查饭店,1852 年创立,现在的浦江饭店),他们遭遇了各色各样的"西洋事物",例如,在日本不可能吃到的正宗西餐,"洋琴"(钢琴)的演奏,以及早餐后端上来的咖啡。

图二　上海开埠时期的照相馆

其中,令他们最感兴趣的是旅馆附近的照相馆,他们不仅全体出动去那里参观,而且对这个新文明的利器相当着魔,实际上,在以后的旅途中,他们留下了很多相片。

第一次在上海体验"西洋",毋庸置疑,此后的使节团和留学生团的感受是相同的。例如,1865 年派往法国和英国的柴田使节团一行,在前往途中停泊上海的时候，尽管只逗留了三天，却也在旅馆内吃到了西餐，坐着马车在市内兜风，并游览参观了"市内比横滨形势稍盛"①的地方。②

图三　日本庆应二年(1866年)幕府派往英国的留学生团在上海的留影

值得一提的是，1866年幕府派往英国的留学生团一行，早早地在上海登岸，他们全体毅然断发，英姿飒爽地去照相馆拍摄留念照片。

**对西洋文化基地的关心**　在上海的各种"西洋事物"当中，日本武士们最为关心的，是传教士经营的印刷所等一系列近代设施。关于这些，后文将作详述。因为这些印刷所出版的出版物正在日本以各种各样的形式广泛地流传，所以，对于众多的来访者而言，这些设施都是他们早就耳熟能详的。不过，在19世纪60年代中期，曾经出版了大量"汉译洋书"的墨海书馆，此时业已停止了出版活动。而在这个时期急速成长的美国长老会所属的美华书馆，大概由于各使节团和留学生团的侍从人员全部是英国人和法国人，这些日本武士竟没有机会去访问那里。

① ［日］柴田刚中：《法英行》，载《西洋见闻集》，岩波书店，1974年。
② 不过，他们一行当中，已有数人有过出洋的经验。

但是，即便如此，池田遣法使节团仍购买了这些印刷所出版的麦都思和理雅各的著作，并寄送到幕府的"陆军所"。另外，德川昭武遣法使节团中的涩泽荣一，也在短暂的逗留期间，对印刷所的各项设施作了敏锐的观察：

> 在当地，法国的传教士，打扮成中国人的样子，开设讲堂进行传教。另外，也有为欧洲人研究中国学而开设的书院，其中都是修学欧洲东方学的学生，皆教会中人。他们推究其国宗教的渊源，作为考证之资，并且，为了弘扬其教，从其差会的基金中拨出经费以资修学。①

"法国的传教士"开设的"讲堂"，大概是指 1851 年重建于上海西郊徐家汇的旧耶稣会天主堂的"老堂"。另外，研究"中国学"、弘扬"其国宗教"的"书院"，恐怕是指墨海书馆和美华书馆等新教徒建立的设施吧。虽然我们不知道这时候涩泽荣一对这两者的区别究竟理解到何种程度，但正因为他们以前对这些东西或多或少了解了一些，所以当身临其境时，触动了他们的感慨之情。涩泽荣一在其后到达下一个停泊地香港的时候，访问了理雅各担任院长的英华书院，对以《遐迩贯珍》等出版物闻名日本的该书院的各种"大事业"赞不绝口。

另外，早于他们一行的、最初直达香港的文久二年（1862 年）竹内保德遣欧使节团，在上海未能参观墨海书馆和美华书馆的元治元年

---

① 　［日］涩泽荣一：《航西日记》，载大塚武松编《涩泽荣一留法日记》，日本史籍协会，1928 年。

(1864年)池田长发遣法使节团，以及庆应二年(1866年)幕府英国留学生团等，在抵达香港的时候，都早早地访问了英华书院，并在那里与理雅各以"笔谈"(高岛祐启《欧西纪行》)的方式进行了交流。此外，他们从王韬(后文将要提到，此时的王韬，因与太平天国私通之事败露而从上海流亡香港)那里了解到"书院创造以来"的"情况"(佐原盛纯《航海日录》)，还参观了"一日磨印千枚"(川路太郎《英航日录》)的印刷机器，深深地被西洋文化基地中的种种事物折服。①

图四　美华书馆

**井上馨的觉醒**　在上海遭遇了如此这般各种各样的"西洋"，在这些"冲击"当中，一些人已经感受到"攘夷"的困难，甚至感受到"攘夷"的立场本身是很愚蠢的。例如，肩负横滨锁港交涉大任的池田长发遣法使节团成员田边太一等人身上出现了这种倾向，但最为典型的例子，当数1863年秘密离开日本的井上馨和伊藤博文。

从日本出发的时候，伊藤博文唱道："大丈夫忍受着耻辱去旅行，是为了天皇之国啊。"把自己的出洋比作不得已的"耻辱"之旅。但一踏上上海的土地，他便马上觉悟到必须修

---

① 　关于使节团和留学生团的香港体验，在松泽弘阳的《近代日本的形成与西洋经验》(岩波书店，1993年)中有详细介绍。另外，上述引用的一部分目录(未刊)，是从该书中转引的。

正对西方的认识。"全体登上甲板，眺望港内，只见各国的军舰、轮船、帆船等出入极为频繁，沿岸壮丽的洋楼鳞次栉比，对此繁华的光景吃了一惊。"①井上馨也"来到上海，见到了实际的景况"，"以往的迷梦顿时觉醒"。据说，他立刻抛弃了"攘夷的谬见"，转而主张"开国的方针"去了。②

　　无论如何，如上所述，该时期的遣外使节团和留学生团，也许由于其侍从人员或向导几乎是派往国的西洋人，武士们在上海和香港"遭遇"的，都是这些国家的宾馆、商社、印刷所等设施，在那里，每一个武士初次体验了"西洋近代"，在这种绝对的"繁华的光景"中，受到了强烈的"冲击"。

　　这正是他们对西洋进行重新认识的出发点，也是他们此后各种言行的基点之一。在此意义

图五　井上馨（前排右）和伊藤博文（前排左）

上，井上馨等人在上海的"觉醒"，在某种程度上简直象征了近代日本的"觉醒"本身，这样说大概不算过分。

## 二、高杉晋作等的冲击

　　**年轻志士的派遣**　上海作为西洋的"入口"的意义，当然远不止

---

①　春亩公追颂会：《伊藤博文传·上卷》，统正社，1943年。
②　井上馨侯传记编纂会：《世外井上公传·第一卷》，内外书籍株式会社，1933年。

图六　高杉晋作(上)、五代友厚(中)、中牟田仓之助(下)

上述渡欧途中的中转地所起到的作用。作为拥有各式各样近代化"功能"的西洋的"基地"，其存在本身，也引起了日本各方面的巨大关心。

志士们来到上海，对其状况进行调查，可以说是对"西洋事情"的一种"探索"。另外，作为受殖民统治的这块土地的信息本身，对于那些正在摸索所谓的"开国"和"攘夷"——这两条不同途径的幕府与倒幕志士来说，是绝对需要的。

在此意义上，与前一节所述的向欧美遣使大致同一时期，幕府和一些藩前后共四次向上海派遣使节，这可以说是适应这种需要而采取的行动。而且，在当地得到的各种"信息"，在日后幕末的大动乱中，实际上起到了巨大作用。以下简略介绍一下这四次向上海遣使的具体情况。

在向上海派遣的使节团中，时间最早、规模最大的一次，是搭乘商船"千岁丸"的幕府使节团。这是幕府为了探索"外国商法"，以及为了与中国缔结通商条约而派遣的。为把握上海情况起见，幕府责成长崎地方政府制定派遣计划，使节团于 1862 年 4 月成行。在"千岁丸"一行中，有日后活跃于维新运动的高杉晋作、中牟田仓之助、五代友厚等人，在此意义上，如后文所述，他们的体验，象征着上海对日本所起到的作用。

在"千岁丸"之后派往上海的，是搭乘箱馆附属官船"健顺丸"的使节团。这是为了"探索"上海贸易状况，由箱馆地方政府制定计划，于1863年3月派遣。在使节团中，箱馆籍的幕吏占了很多名额，这是因为计划从头至尾是他们制定的。他们一行写下了作为视察复命书的《黄浦志》，在此书中，可以确认他们在上海所经历的各种"体验"。值得一提的是，他们一行也下榻于前面所述的礼查饭店。据说，他们在那里设下一席，招待了"荷兰国士"。

第三次上海遣使团是由三人组成的小规模团体。因为与幕府敌对的长州藩未经幕府的允许，私自在上海卖掉了藩船"壬戌丸"，用船款购买了大量盖贝尔枪。此事被幕府发觉后，为了调查实情，幕府向当地派遣了三名幕吏，其中的一位就是前文提及的杉浦让。从1865年4月20日到30日，他们在上海仅待了十天。

最后第四次派遣的是搭乘怡和洋行横滨分行蒸汽船"恒河"号的使节团。与前三次不同，这次不是由幕府派遣，而是由滨松与佐仓两个藩独自派遣，其目的据说是海外视察。1867年2月出港的这一行中，除了"千岁丸"成员之一的滨松藩的名仓予何人，还有后来明治年间油画界的代表人物高桥作之助和高桥由一。另外，这一行人不仅到了上海，而且把足迹延伸至南京，这一点也与前三次约略有些不同。

与本章第一节所述的遣欧使节团不同，这些使节团仅以上海为目的地。正因为如此，与遣欧使节团相比，他们不仅能够更深入地"探索""两个上海"，而且，对于那里存在的"压迫"结构的认识也比遣欧使节团更深刻。当然，在认识了上海的这种结构之后，他们的反应也因人而异，有的人更加偏向"租界"一方，有的人则反而偏向"县城"一方。

高杉晋作回国后不久参加了火烧英国公使馆行动，五代友厚在萨英战争之际故意成为英军俘虏以阻止所属藩愚蠢的攘夷政策，名仓予何人始终主张与中国结盟，一度担任了台湾总督的顾问。从他们后来的这些行动来看，也许可以理解他们此时各持的微妙立场。

当然，把他们的这种差别全部归结为"上海体验"，多少有些草率。除此之外也许还有多种原因。但是，在选择"偏向"哪一方的时候，他们各自的"上海体验"想必是一种重要的"记忆"。

下面的论述未必能够得出一个明确的答案，我们姑且以"千岁丸"为中心，看一看他们在上海各式各样的"发现"。

**"心中窃喜"**　包括水手在内总共五十一人的"千岁丸"上海视察团于文久二年(1862 年)四月二十九日从长崎出发，大约经过一星期的航行，于五月五日到达上海。肩负着各自使命的武士们一踏上这块土地，便马不停蹄地去执行他们的"任务"，开始从各自的立场去"探索"这个西洋的最前线。

他们来访的时候，上海正处于太平天国农民军的包围之中。不久，清军与太平军经过激战后对峙在城郊。也许是出于这个原因，武士们在上岸后首先关心的是两军的交战情况以及清军的情况，尤其是支援清军的英法驻军的情况。例如，到达上海后的第三天，高杉晋作迅速在日记中写道："五月七日拂晓，步枪声轰于陆上，都说是长毛贼与中国人交战的声音。我当即认为此言可信，得以观看实战，心中窃喜。"①不光是高杉晋作，只要翻一翻武士们在逗留上海期间的日记，类

---

① 　［日］高杉晋作：《上海淹留日录》，载《高杉晋作全集》，新人物往来社，1974 年。

似的记载随处可见。武士的职业兴趣以及他们对英法军队参与的这场近代战争所表达的实时关注,在这里被一览无遗。

**现场参观** 逗留上海期间,武士们最为卖力的事情是接触西洋人以及利用各种途径收集信息。高杉晋作带着五代友厚和中牟田仓之助四次拜访了在日本也颇为知名的墨海书馆的慕维廉(其中两次未遇),从他那里了解西洋和上海的情况,并获赠了后文所述的一系列汉译洋书。另外,中牟田仓之助前后两次造访了颠地洋行,想要拜会在那里工作的日本漂流民音吉,但事不凑巧,他休假去了新加坡。

在试着与这些"西洋人"接触的同时,武士们还与中国人进行广泛交流。他们频频出入于"书坊"之间,尽可能地了解战乱下中国的实情以及获取西洋的信息和书籍。例如,高杉和名仓等人非常积极地与当地的军人接触,曾数次拜会了一个名叫陈汝钦的下级军官,他们以笔谈的形式就"中外"情况交换了意见。另外,他们在上海购买的书籍,都是在后一章将要详述的《地理全志》《大英国志》《联邦志略》《数学启蒙》等名著,此外还有中文杂志《六合丛谈》、1860 年代发行的《上海新报》,以及《清国英国条约书》等外交书籍。

"千岁丸"访问上海的另一项任务,是对当地的商业和贸易情况进行非常详细的调查。幕吏们拜访了上海道台(地方长官)和以荷兰为首的各国领事,详细听取了商业和贸易的手续和方法。不仅如此,武士们也直接访问了租界内的各国商会,也许这也算是在进行某种"现场参观"吧。

例如,五代友厚、高杉晋作、中牟田仓之助等人不止一次地访问了租界的商会,对近代商业方法表示了巨大的兴趣。特别是五代友厚,他直接与这些商会交涉,成功地以 12.5 万美元的价格为萨摩藩买下了卖价为 30 万美元的德国蒸汽船"乔治·基利"号。据说,此事使日本内外人士大为惊叹。

**从地方主义到民族主义**　"千岁丸"一行在上海逗留了约两个月,在此期间,他们在收集上述信息和探索"外情"等方面取得了巨大的成果。

但是,如前所述,通过这两个月的逗留,武士们所获取的远不止这些先进的西洋文明信息。他们在体验了"租界"的"先进性"的同时,也发现了在其背后隐藏的近代西洋殖民主义对"县城"的"压迫"。这在"西洋"内部是不容易被意识到的。正是拥有两张"面孔"的上海,才具有近代西洋的另一个明显特性。发现了近代西洋的这种两重性,恐怕才是武士们在上海逗留期间的最大收获。

这种收获从精神的根底上给他们带来了很大的意识转变。例如,高杉晋作在上岸后不久便看出,西洋人与中国人之间存在着"奴役"和"被奴役"的关系。他在日记中写道:

> 其实,上海一地虽属中国,但也可谓是英法之属地。北京离此地三百里,必然保留着中国之风,假使邻近此地,则又可慨叹哉! 于是我想起吕蒙正劝谏宋太宗的一句话:视近以及远。岂不是这样? 虽然我们是日本人,但不得不小心,不要像中国那样。①

具有象征意义的是,回国后,高杉晋作建立了"奇兵队"这一打破身份制度的"国民军"性质的组织。大概从这个时候开始,高杉逐渐认

---

① ［日］高杉晋作:《上海淹留日录》,载《高杉晋作全集》。

识到，面对强大的近代西洋的"压迫"，只有用"国民"全体之力进行防卫，才不至于重蹈中国的"覆辙"（前人失败之迹）。

从"虽然我们是日本人，但不得不小心"的感叹中可以看出他这种意识的"萌芽"。这种"萌芽"茁壮成长，使以高杉晋作为首的众多维新志士的意识从"地方主义"转变为"民族主义"。不久之后，他们心中又被植入了近代国家的"国民国家"观念。[1] 毋庸置疑，其最终的开花结果，便是六年后的明治维新。

————————

[1] 关于高杉晋作等人的"国民国家"观的形成，松本健一在《开国的形式》（每日新闻社，1994 年）一文中有过详细的论述。

# 第二章　东亚信息网络的诞生

## 一、交替的"信息先进国"

**传播鸦片战争信息的报告书**　以上我们回顾了武士们在上海的各种"体验"和"探索"。其中，我们可以肯定的一个事实是：他们对上海的基督教会印刷所和从那里出版的各种"汉译洋书"显示了异乎寻常的关心。但是，为什么上海在这个时期存在着这些印刷所并出版了这些书籍呢？

为了回答这个问题，我们暂且中断日本知识人乘船来到上海的话题，追溯一下17世纪以来在中国出版的汉译洋书的历史过程及其对日中两国的意义，以及鸦片战争后传播到日本的情况。对于作为"国家"的日本而言，上海拥有何种意义？要回答这个问题，进行这种追溯是极为重要的。

这里有一份最初传入日本的关于拉开东亚近代序幕的鸦片战争的报告书：

在中国，英国人受到了无理残暴之事，因此，英国出师中国。不用说英国，就连英属美洲以及英国之领地印度也集结军队，准备赴中国报仇。①

这份报告书的意思是说，由于英国人在中国受到了"无理残暴"的待遇，英国决定向中国派兵，除了英国本土的部队，英国人还纠集了驻扎在美洲和印度的军队，去中国复仇。

这份情报是由定期造访长崎的荷兰商船于 1840 年 7 月 29 日带来的。受到冲击的幕府立即向拥有相同特权的准许到达长崎的中国商船的船主询问了情况，并让他提交更为详细的报告书。在此之后的大约三年时间内，断断续续地从荷兰和中国传来了类似的报告书。以此为信息，幕府一面怀着自身的危机感，一面关心着隔海相望的中国正在进行的"东西方"最初的对抗。

**各阶层共享的海外信息**  上述关于鸦片战争的报告书只不过是一个例子。其实，这种报告书分别被称作《荷兰风说书》和《唐风说书》，几乎在整个江户时代它们都是由来访的荷兰船和中国船作为义务向幕府提交的。

这两种报告书的任何一种，最早都可追溯到宽永十八年（1641年），虽然曾经一度中断过，但还是分别延续到幕末的安政六年（1859年）和文久二年（1862 年）。它们是日本锁国时代最大的信息来源。

《风说书》最初被当作机密处理，只允许"老中"等一部分幕府官僚阅览，但在翻译和提交的过程中，这些《风说书》的抄本流传到了有实力的大名家族，进而在许多藩内流传开来。

另外，以这些抄本为基础，有人最初编辑了一些单行本。例如，收

---

① 《和兰风说书集成》下卷，吉川弘文馆，1977 年。

录了从正保元年（1644 年）到享保二年（1717 年）的《唐风说书》的《华夷变态》（林鹅峰、林凤冈编，延宝二年［1674 年］成书）、幕末收集鸦片战争信息的《阿芙蓉汇闻》（盐谷宕阴编，弘化四年［1847 年］成书）、《鸦片始末》（斋藤馨［竹堂］编，天保十四年［1843 年］成书）等，这些单行本在更广的范围内流传。它们虽然不是唯一的途径，但堪称是当时一般知识人收集海外信息的最有效途径。

单纯从幕末来自中国的信息来看，大致通过相同的途径传播。例如，《英国侵犯事略》（中国船主周蔼亭等提交，弘化元年［1844 年］）和《夷匪犯境闻见录》（编者、成书时期不详，弘化年间传入）等在中国汇集的报告书，也以抄本的形式广泛流传。它们与《风说书》一起，向各藩的藩士们提供了有关鸦片战争的详细情况。

不仅如此，上述的这些抄本被进一步整理加工成某种读物，"总之，使用了《盛衰记》《太平记》等皇国古代军事书籍中的套语"。① 例如，《海外新话》（岭田枫江，嘉永二年［1849 年］刊）、《海外新话拾遗》（种菜翁，嘉永二年［1849 年］刊）、《清英近世谈》（早野惠，嘉永三年［1850 年］刊），以及以太平天国为题材的《云南新话》（文好堂主人，嘉永七年［1854 年］刊）等，都是属于这个类型的读物。

这些读物使用了容易读懂的"军籍"风格的文体，此外还添加了很多卷首图和插图，于是便赢得了被称作"童蒙之士"②的一般庶民读者。在这些书中，事实的夸张、误解或有意识的编造随处可见。例如，把被中国俘虏的英国武装运输船船长的夫人加工成"神变万化"的"女将"；

① 　［日］岭田枫江：《海外新话》凡例，嘉永二年（1849 年）刊。
② 　［日］岭田枫江：《海外新话》凡例。

在书的结局，英国被中国打败，等等。但有一点是确凿无疑的，即原本应该是幕府机密的《风说书》，就这样经过两转三转，被当作一种"海外信息"在世间广泛流传。

从今天人们的感觉来看，这种幕末特有的信息传播方式是非常不切实际的、不合常规的。虽然它带有很多不实之处，但在某种意义上使包括一部分庶民在内的社会各阶层共享了相同的"海外信息"，这个事实是不容忽视的。

**超过一万册的荷兰书**　然而，荷兰和中国商船带给日本的海外信息远不止《风说书》，作为贸易商品的图书也是令人耳目一新的信息源。也许在即时性方面不如《风说书》，但在舶来更本质的"信息"的意义上，毋宁说，进口图书的作用更为重要。

由于这些书籍数量庞大，故不可能在本书中全部列举出来。这里只把焦点聚集在那些传递西洋情况的进口汉籍，探讨它们的传播情况。

在此之前，为了进行比较，先介绍一下江户时代的荷兰书，亦即荷兰图书的进口情况。

虽然荷兰书的进口数量因时代的不同而有很大的差别，但是，整个江户时代二百六十余年间，荷兰书一直作为一种贸易商品进口到日本。在今天，其数目已难以正确把握，但据说超过了一万册。

这些图书或作为献给幕府将军的礼品，或由幕府订购，总之，是以各种各样的进口形态传入日本的。其中，相对于被称作"正规货物"的荷兰东印度公司交易的图书而言，被称作"私带货物"的长崎荷兰商馆馆长和职员们个人私下交易的图书则更多，占据了舶来荷兰书的大半。

在礼品图书中比较有名的是，宽文三年（1663 年），时任商馆长的亨德里克·因泰克在参见幕府将军时，向第四代将军德川家纲献上了约翰·琼斯顿的动物书，俗称《琼斯顿动物书》。此书后来引起了第八代将军德川吉宗的兴趣，甚至可以说是他促进奖励兰学的原因之一。

**杉田玄白的得意之语**　关于日本订购的书籍，在江户初期，由第三代将军德川家光手下担任大监察官的井上政重、德川家纲时代的老中稻叶正则等人积极倡导下进口的解剖学书、本草书尤为引人注目。第十一代将军德川家齐于文政八年（1825 年）得到了德语—荷兰语辞典等三部辞书，此事可在当年的《积荷目录》中得到确认。①

订购图书中最为引人注目的当数天保十五年（1844 年）进口的书籍。当时，大概受鸦片战争的影响，第十二代将军德川家庆、老中永野忠邦分别订购了《袖珍野战必携》等六册以及《近代战争中的步、骑、炮三兵种的用兵》等四册军事书籍。

关于占据进口荷兰书大半的所谓的"私带货"，不仅数量庞大，而且很多难以确定其年代，因此无法进行简单的总结。但是，著名的《解体新书》（1774 年刊）的原书、德国解剖学者约翰·亚当·克鲁姆斯的《解剖图谱》（1732 年刊）的荷兰译本，可能是通过这个途径进入日本的。据说，修订、增补了新井白石的《采览异言》（1713 年成书）、著有江户时代首屈一指的世界地理书《订正增译采览异言》（1803 年成书）的山村才助在著述时利用了德国人约翰·休伯纳的《万国传信纪事》的荷兰译本（1732 年刊），此书也是以相同的形式进口到日本。

值得一提的是，据《兰学事始》（1815 年成书）所言，该书的作者杉

---

① ［日］片桐一男：《被打开的锁国》，讲谈社现代新书，1997 年。

田玄白在步入晚年的时候,开始留意、购买、收集那些被当作"私货"而带到日本的荷兰书,在几年时间内便拥有了相当多的藏书。杉田玄白在此书中以得意的口气向读者介绍了此事,他的得意之言也许在某一方面向后人传达了当时荷兰书在日本传播的状况。

**中文书籍传播的世界形势**　所谓的乘船来到日本的中国人带来的书籍暂且不表。汉籍进口的历史相当久远,日本为购买书籍而向中国派遣使节,可以追溯到圣德太子时代。在此意义上,汉籍的输入无论在时间跨度上和数量上远非前面所述的荷兰书可比。但是,当我们在这里探讨江户时代的进口状况等问题,特别是传递西洋信息的汉籍传入问题时可以发现,在这个时期,汉籍的进口急剧减少,其数量极为有限。

从江户初期开始,在很长一段时期内一直向日本提供西洋知识的,是当时居住在中国的耶稣会士用中文写的一系列著作。其中的代表著作有:利玛窦所著的介绍世界各国地理、物产及风俗的《坤舆万国全图》(1602 年刊),艾儒略的《职方外纪》(1623 年刊),南怀仁的《坤舆图说》(1674 年刊)等书。这些书籍不仅给尚无完备体系的世界地理书的日本带来了关于世界形势的各种信息,还构筑了逐渐兴起的兰学的部分基础。

例如,被称为海外情况介绍书之嚆矢的《华夷通商考》(1695 年刊),其作者西川如见在定稿时参考了艾儒略的《职方外纪》,经增补后成书。另外,新井白石在著述象征兰学成立标志的《采览异言》时,也参考了利玛窦的《坤舆万国全图》和南怀仁的《坤舆图说》等著作。

虽然当时"地圆说"已经传播到日本,但是,表达这种知识的概念尚未完全确立,使"地球"这一词语明确语言化的,当是利玛窦的《坤舆万国全图》。

**立场的逆转** 虽然没有确凿的证据，但还是可以认为，耶稣会士所著的一系列中文著作中的大多数（尽管册数不多）已在锁国体制形成之前传播到日本。

例如，宽永七年（1630 年），幕府设置了取缔基督教禁书进口的书籍检查机构，在禁书目录中，赫然登录了以《职方外纪》为首的利玛窦等人的三十二种著作。尽管如此，新井白石等人还是在自己的著作中参考了这些书籍。

经过了一个世纪的严密禁止进口时期，享保五年（1720 年），将军德川吉宗出台了缓和政策，可以进口与基督教没有直接关系的一般科学书。于是，传教士的部分著作终于正当且持续地舶来日本。

然而，具有讽刺意味的是，此时日本国内兰学的势头正旺，虽然这些汉译洋书在有识之士那里仍被视为重宝，但已开始丧失曾经拥有的特权性，它们所传播的知识和信息也被日益兴盛的兰学的浪头吞没。

耶稣会士所著的中文著作之所以会出现颓势，除了兰学的兴盛，更为根本的原因是，出口这些著作的中国国内形势发生了巨变。

从南怀仁等人的活动可以看出，大约在日本开始实行锁国体制的最初一百年间，在中国，虽然历经各种曲折，但耶稣会士的活动还是被准许的。总的来说，中国尚处于"开放"的态势之中。但是，在与日本将军德川吉宗出台汉译洋书进口缓和令几乎同时的 1724 年，与日本的措施完全相反，刚即位的清朝第五代皇帝雍正突然废除了前代康熙皇帝对耶稣会的宽容政策。在雍正颁布禁教令之后，除了管理天文、历法的一部分钦天监官员，近三百名传教士全部被流放到广东和澳门，耶稣会士的著述活动不得不被中止。

由于形势的剧变，中国作为具有一百年以上的"信息"先进国的地

位迅速地下降了,相反,出台了奖励兰学政策的日本却以长崎为窗口
开始一步一个脚印地积累西洋的各种知识。在这个时期,日本与中国
在对待"西洋事情"的信息和知识方面的立场发生了逆转。此后,日本
完全占据了优势地位,并保持了大约一百年时间。

## 二、向东亚的"枢纽"迈进

**接踵而来的传教士们**　中国重新夺回被日
本反超的"信息"先进国的地位,其契机是 1840
年到 1842 年的鸦片战争。这场被称作东西方
文明最初的正面冲突的战争,以中国的惨败而
告终。它不单使广州、福州、厦门、宁波、上海五
港被迫开埠,而且,根据中美《望厦条约》
(1844 年 7 月)和中法《黄埔条约》(1844 年 10
月),长期中断的基督教传教也被解禁,虽然此
时的传教范围仅限于开埠地区。

　　其结果是,原先的耶稣会等天主教传教士,
以及以伦敦会为首的在鸦片战争前以马六甲和
新加坡等地为据点虎视眈眈地试图在中国进行
传教的新教传教士,全都云集在上述的五个港
口,尽管他们不断遇到麻烦,但仍然积极地开展传教活动。

图七　魏源

　　虽然以传教为最终目的,但他们与二百年前的前辈一样,极重视
传播有关西洋的各种知识,还致力于开办诊疗所和教育设施等。

　　尤其是新教传教士,他们以"书籍传教"和"科学传教"为信条,比

天主教的正宗后继者们更加继承了当年耶稣会士的优良"传统"，著述了大量的"汉译洋书"。夺回中国在西洋信息方面的"先进国"地位的主角，简言之，是那些新来中国传教的新教传教士。

**《海国图志》超过了日本兰学的知识水准**　鸦片战争前在马六甲、新加坡以及战后在五个开埠地进行传教活动的传教士们的"成果"，很快出现在魏源（1794—1857 年）的大著《海国图志》（1842 年初版）之中。之所以这样说，是因为在写作这本日后深刻影响日中两国对西洋的认识的巨著之时，魏源本人也承认是"以西洋人谈西洋"。[①] 除一部分议论以及中国历代的对外记录，该书内容的七成以上照搬了以往的耶稣会士或新来中国的传教士所作的著作和杂志。

　　例如，《海国图志》的最初底本《四洲志》即是林则徐命令翻译梁进德等人从英国人休·默里（Hugh Murray）的《世界地理全书》（*The Encyclopaedia of Geography*，1834 年）抄译而成的。另外，堪称在中国传播新教的先驱者马礼逊的《外国史略》（抄本）、比他稍晚一些活跃在中国的郭实腊的《万国地理全书》（1838 年）、《贸易通志》（1840 年）、《东西洋考每月统纪传》（杂志，1833—1838 年）、美国最早派遣的传教士裨治文的《美理哥合省国志略》（1838 年；第二版《亚美理驾合众国志略》，1844 年；第三版改名为《联邦志略》，1861 年）等，在《海国图志》中都被引用了几十处。

　　上面指的是《海国图志》的五十卷最初版本中所引用的书，此后，魏源在 1847 年和 1852 年两次将这五十卷本大幅度地增补为六十卷和一百卷。他在增补的版本中积极地引用了开埠后在各地开展活动

---

① 　魏源：《海国图志》原序，岳麓书社，1998 年。

的传教士所著的新书,例如,玛吉士(José Martinho Marques)的《新释地理备考全书》(1847 年)、祎理哲(Richard Quarteman Way)的《地球图说》(1848 年)、麦嘉缔(Divie Bethune McCartee)的《平安通书》(1850—1853 年)等。《海国图志》不仅成为当时中国最具权威的介绍"西洋事情"入门书,它的某些部分甚至超过了日本兰学的知识水准。

**"好书"** 在此意义上,当《海国图志》的第二版六十卷本于嘉永四年(1851 年)由中国商船舶来日本后,也许是后来受到佩里舰队来航事件的重大影响,在仅仅四五年内,该书在日本出版了二十多种翻刻本和日文注解本,这绝不是偶然的。

该书所记载的"信息",与魏源著名的"师夷长技以制夷"①所代表的海防论一起,的确给当时的日本人带来了一种"冲击"。同时,大大缓解了以往兰学所不能满足的知识"饥渴"。只有对这些情况进行全面认识后,才能理解为什么吉田松阴于安政元年(1854 年)首次阅读此书时情不自禁地连呼"好书"。②

当然,在此之后,吉田松阴对作者提出的"调夷之仇国以攻夷"③即利用列强之间的矛盾来牵制敌国的外交策略,批评为"不懂列强'见利忘义'本质的幼稚议论"。④ 但是,总体而言,他积极地肯定了《海国图志》的价值,在狱中数次"再阅"了此书。⑤

**"海外的同志"** 在提及松阴对此书的评价后,我们再来看一看他

---

① 魏源:《筹海篇·议守上》,《海国图志》。
② 吉田松阴致兄杉梅太郎书信(安政元年[1854 年]十一月二十二日),《吉田松阴全集》第五卷,岩波书店,1935 年。
③ 魏源:《筹海篇·议守上》。
④ [日]吉田松阴:《读甲寅兰顿评判记》,见《野山狱文稿》,《吉田松阴全集》第二卷。
⑤ [日]吉田松阴:《野山狱读书记》,《吉田松阴全集》第七卷。

的老师佐久间象山的感想。不知道是什么时候，佐久间象山大约与吉田松阴在同一时期阅读了《海国图志》，受到了不少启发。他对魏源在此书中提倡的“守外洋不如守海口，守海口不如守内河”的“专守内河”①的防卫策略不敢苟同，他主张应当实行“制贼之死命于外海”②的积极海防策略。

另外，对于《海国图志》介绍的“枪炮之说”，作为一个西洋炮术专家，佐久间象山轻蔑地称之为“粗陋无稽”，③其原因大概是魏源本人没有实践过“炮学”，佐久间象山对作者深表惋惜。

虽然对此书提出了各种严厉的批评，但佐久间象山决非全盘否定魏源的工作。他读了魏源的另一本著作《圣武记》(1842年)后，不仅认为该书提到的主张与自己的一贯想法“不谋而合”，而且为该书与《海国图志》在同一年问世而感叹，认为魏源是自己真正的“海外同志”。④

《圣武记》是总结有清一代内外战争史的著作，该书于弘化元年(1844年)舶来日本。佐久间象山特别对其中的卷十一到卷十四评论时政的四篇《武事余记》深感兴趣，他翻译了“夷书夷史”，采纳了作者的利用“洞知夷情”来“制驭外夷”⑤的议论。佐久间象山强调，魏源的意见“与我相符”(《省愆录》)，显得颇为得意。

这样，吉田松阴，尤其是佐久间象山对魏源的评价在最后呈现了两面性。这种矛盾的评价，大概是以当时的兰学水平与《海国图志》作

①　魏源：《筹海篇·议守上》。
②　[日]佐久间象山：《省愆录》，《象山全集》卷一，信浓每日新闻社，1934年。
③　[日]佐久间象山：《省愆录》。
④　[日]佐久间象山：《省愆录》。
⑤　魏源：《武事余记·掌故考证》，《圣武记》卷十二。

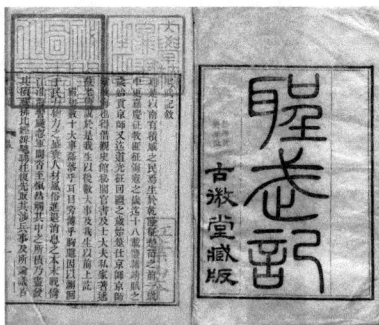

图八　《圣武记》

为"信息"的价值相对照后产生的。也就是说,《海国图志》等书所带来的"信息",除了关于鸦片战争的部分,实质上几乎是早期基督教新教传教士撰写的。其内容尽管有一部分属于例外,但不可否认的事实是,它大大补充修正了以往兰学的知识。正因为有了这个事实,才可以解释为什么"魏源的书广泛地在我国流传"。①

但是,另一方面,这种"信息"是短时期内从各种地方收集而来的,实际上处于一种没有经过体系化整理的"玉石杂糅"状态。作者的那些尚未完全消化的知识,尤其是在这种认识状态下所发的议论,在长期用兰学武装起来的佐久间象山等人的眼里难免是"粗陋"甚至"谬妄"的。② 这是很自然的。

有着这样那样"粗陋"之处的《海国图志》,随着其后新"汉译洋书"的出现而魅力渐失。到 19 世纪 60 年代后,它完成了历史使命。关于这个事实,后文将会提及。

---

① ［日］吉田松阴:《读甲寅兰顿评判记》。
② ［日］佐久间象山:《省愆录》。

**不可思议之缘**　以上特以魏源的著作为中心进行了论述。但是，鸦片战争后，事实上还有另外几种同样由中国知识分子写成的海外事务入门书也舶来日本且流传甚广。其中最为有名的当数陈伦炯的《海国闻见录》（1730 年初版，1823 年重刻）、陈逢衡的《暎咭唎记略》（1841年）、汪文泰的《红毛蕃暎咭唎考略》（1842 年），以及徐继畬的《瀛环志略》（1848 年）等。

其中，最早的陈伦炯的《海国闻见录》是作者写于 18 世纪前半期的见闻记，当然，作为"信息"而言显得陈旧了些，但也许因为受鸦片战争的影响，此书与前述的《圣武记》于同一年（1844 年）传入日本，吉田松阴等人曾经认真地通读过此书。

陈逢衡的《暎咭唎记略》参考了《海国图志》的蓝本之一———魏源的《英吉利小记》（1840 年成书）等书而写成。在日本，此书比《海国图志》抢先一步，于佩里来航的嘉永六年（1853 年）翻刻出版。《红毛蕃暎咭唎考略》一书的写作过程不详，但嘉永年间编辑的《他山之石》中引用了该书的内容，由此可见，该书与前述的书籍大致在同一时期舶来并翻刻的。

与相对较早传入日本的前面三部书相比，徐继畬的《瀛环志略》为何直到安政六年（1859 年）才舶来日本？其实，此书出版后不久便有三十几处被《海国图志》一百卷本所引用，也许它早已通过《海国图志》传入了日本。

作者徐继畬在写成此书之际，不仅大量参考了前述裨治文的《美理哥合省国志略》，据说还得到了时任英国驻福州领事阿礼国以及在福州行医的黑本等人的帮助。

在此意义上，《瀛环志略》是那个时代非常罕见的具有许多新鲜

"信息源"的海外入门书。此书在舶来日本后的翌年（1860 年）就出版了翻刻本，不仅在幕府末期广为流行，而且在明治以后还出版了题名为《俗解插图本瀛环史略》（明治七年［1874 年］）的翻译本，其影响力与《海国图志》不分伯仲。

**对日贸易的垄断政策**　如前所述，包括《唐风说书》在内，传播这些海外信息的中文书籍由每年来航的中国商船带入日本。此即所谓的在传统贸易体系下形成的信息传播途径。甚至可以说，中国商船与荷兰商船是在背后支撑锁国体制下的日本的一条"生命线"。

在此意义上，在谈论了《海国图志》等书带来的"冲击"之后，有必要谈论一下传播那些信息的商船。这不仅是对传统的传播途径作一确认，而且在研究后来形成的新信息网络的意义时，也是一项极为重要的工作。

江户时代所谓的唐船来航，随着时代的变迁而呈消长之势。这主要是由中国的国内形势与日本贸易政策的变化而引起的。纵观全局，在前半期，即 17 世纪，清朝政府为了打击正在抵抗的郑氏一族，严令禁止对外贸易，出台了强制沿海地区的居民移居内地的"迁界令"（1661 年）。郑氏投降后，又颁布了奖励进出海外的"展海令"（1684 年），因此，来航日本的商船数呈现出非常显著的变动，尽管如此，这一时期平均每年仍有数十艘商船到达日本。

但是，在后半期，即进入 18 世纪后，日本方面为了抑制金、银、铜等向海外流出，相继颁布了"正德新令"等贸易限制令，来航的中国商船数从新令颁布时的 1715 年的 30 艘减少到 1742 年的 10 艘。这一时期日本方面的贸易限制（尤其针对铜贸易的限制），不仅导致来航的中国商船数量减少，也给中国的出港地带来了影响。

众所周知，江户时代的日中贸易基本上以铜贸易为中心。这是因为，清朝政府为了铸造铜钱，不得不从日本进口铜材。但是，在日本方面颁布了"正德新令"等法令对铜贸易加以限制之后，中国方面必须针对这种事态采取新的应对策略。

具体而言，为了能够确保进口日本铜，清政府废除了原先由民间转包商采办铜材的方法，采取由一家官商和十二家额商（限定数量的官许商人）垄断所有对日贸易的政策。由于官商和额商的营业据点会馆逐渐设置在乍浦港，因此，以往拥有广东、厦门、上海等多个出港地的对日贸易船陆续集中到乍浦一地。

乍浦港位于现在的浙江省平湖市，是所谓的清朝四海关（1685 年设立的广州粤海关、厦门闽海关、宁波浙海关、上海江海关）之一浙海关的基地港。日本把从这里出发来航的贸易船称作"宁波船"，与从上海和长江河口附近来航的"南京船"合称为"口船"。口船原先是为区别从广东省和福建省等地过来的"中奥船"以及从越南和泰国过来的"奥船"而起的名称，但由于前述的铜贸易方面的情况有变，到 18 世纪后半叶以后，口船几乎占据了对日贸易的大部分，其中以乍浦为出港地的口船最终垄断了对日贸易。

这种从乍浦来航的口船，是前文一直在谈论的日中之间信息交流的传统运输工具，也是整个江户时代给日本带来海外信息的最重要的传播途径。

根据大庭脩先生的大作《江户时代唐船携带书之研究》①和《汉籍

---

① ［日］大庭脩：《江户时代唐船携带书之研究》，关西大学东西学术研究所，1967 年。

图九　南京船

图十　宁波船

进口的文化史》》[1]所述，在残存至今的《唐蛮货物账》等史料中我们可以发现，给日本带来汉籍的船，只有被称作口船的"南京船"和"宁波船"。

这当然有很多原因，但确如大庭脩先生所指出的那样，其最重要的原因，是这两种船的出港地是江苏省和浙江省，从清初开始，这两省一直是中国出版业的中心地区。而且，日本对汉籍需求量高涨的时期，恰好是以口船为主要运输工具的贸易体制确立的时期。于是，在这种得天独厚的进口途径的支撑下，以《海国图志》为代表的一系列传播海外情况的汉籍，在整个江户时代持续地传入日本。

**新的对日信息网络** 然而，1850 年代中期以后，这个拥有二百年历史的传统信息传播途径开始迅速崩溃。产生这种事态的原因，一是 1851 年广西省爆发了太平天国起义，不久便波及中国南部的所有地区，尤其在两年后的 1853 年，太平军攻占南京。受其影响，以垄断铜贸易的官商和额商为首，"各色杂役及其家庭全部瓦解萍散"。[2]

另一个原因是，在这个时期，开埠第十个年头的上海，利用其有利的地理条件迅速发展，超过了广州和乍浦等对外贸易港，日益成为东亚最大的港口，从而形成了以上海为中心的新的对日信息网络。

前一个原因，由于很容易理解，故在此不复赘述。就后一个原因而言，由于在研究此后信息传播的开展时是一个极为重要的问题，因此这里将作详细论述。

**向亚洲第二大港迈进** 如前所述，清代，特别是清代后期中国的对外贸易大致上由广州的粤海关和乍浦的浙海关分担对西洋和东洋

---

① ［日］大庭脩：《汉籍进口的文化史》，研文出版，1997 年。另外，关于唐船来航和汉籍进口等问题，可从先生的这些著作中获得很多知识。

② ［日］山胁悌二郎：《长崎的唐人贸易》，吉川弘文馆，1964 年。

（即日本）的贸易。相对于这两地，上海是国内地区贸易的中枢，对外贸易额则停留在极低的水平。

但是，由于上海位于通往中国腹地的长江口，且背靠着江苏和浙江等物产丰富的江南地区，自1843年依《南京条约》开埠后，仅过了十年，其对外贸易量便超过了广州，跃居为紧随加尔各答的东南亚第二贸易港。[①]

除地理因素，从19世纪40年代后半期开始，秘密帮会天地会不断地在广东和广西发动武装起义，广州一带的氛围变得危险起来。这也许是另一个因素。但即使撇开这个因素，上海进出口贸易额的上升也是非常惊人的。

**定期航线的相继开辟**　不仅是贸易，其实，到了这个时期，上海正日益成为东亚的"交通"枢纽。例如，英国的P&O轮船公司（Peninsular & Oriental Steam Navigation Co.）率先于1850年开设了上海—香港的定期航线，把原有的伦敦—香港的联络网延伸到上海。接着，法国的法兰西帝国邮船公司（Sevices Maritimes des Messageries Impérial）于1861年开设了西贡—上海的定期航线，又于1863年开设了马赛—上海的定期航线，使东南亚及欧洲大陆直接与上海相连结。

此后，美国的太平洋邮船公司（Pacific Mail Steamship Co.）于1867年开设了旧金山—香港的航线，把横滨和上海作为停泊地纳入了其中。

单纯从与日本的关系来看，与日本开港差不多同时，P&O轮船于1859年开始航行于上海和长崎之间，接着于1864年开设了上海—横

---

① 《上海港史》，人民交通出版社，1990年。

滨的定期航线。法兰西帝国邮船公司于 1865 年开设了上海—横滨的定期航线，使其与原有的上海—马赛航线的联络成为可能。另外，太平洋邮船公司于 1867 年开设旧金山—香港航线之际，还开设了横滨—上海的支线。

**进出港口的船只多达三千五百艘**　当然，以上海为中心进行航运的不光是这些航行于定期航线上的邮船。另外，列强的军舰和商船也在这个时期把上海当作东亚的"枢纽"进行各种活动。

以军舰为例，1853 年，著名的佩里舰队经由上海到达日本，翌年，为了跟踪俄国舰队，由斯塔林司令率领的英国军队也同样以上海为出港地。

就商船而言，19 世纪 50 年代初业已获得东南亚第二贸易港地位的上海，在此之后外国轮船的出入更为频繁，1857 年出入港的船只数接近 1000 艘。19 世纪 50 年代末以后，由于日本的开国以及其他国内外因素，出入港的船只数进一步增加，1866 年，其数量上升到近 3500 艘。①

这个数字大大超过了 1859 年开港的长崎的外国商船数。1860 年 3 月以后的十个月间，出入于长崎的外国商船数约为 90 艘，②明治二年(1869 年)一年内的入港船只数为 295 艘。③

如果考虑到仓促开港这个事实，这个数字不算低。其实，这些商船中的大多数是英国和美国的煤炭出口船。商人们把在日本低价买进的煤炭运输到停泊了大量蒸汽船的上海，再作为燃料高价卖给这些

①　《上海港史》。

②　［日］山本博文：《长崎闻役日记》，筑摩新书，1999 年。

③　［日］松竹秀雄：《幕末的长崎港情势》，草野书房，1992 年。

船只。①

　　这样，从 19 世纪 50 年代后半期到 60 年代前半期，形成了一个以上海为中心的交通、通信网络，这主要是因邮船、军舰乃至以蒸汽船为主流的商船的频繁往来而使其成为可能。70 年代铺设了以上海为中转地的长崎—欧洲的海底电缆后，这个交通"枢纽"的作用进一步得到增强。

　　通过这个新网络传播的信息，毋庸置疑，远非以往口船所带来的信息可比，它们不仅在数量上，而且在质量上也发生了巨大变化。在日中文化交流史上，拥有二百年以上历史的乍浦时代就这样宣告结束，迎来了崭新的上海时代。

---

① ［荷］卡廷迪克著，［日］水田信利译：《长崎海军传习所的每一天》，平凡社，1964 年。

# 第三章　日本的开国与上海

## 一、信息发源地·墨海书馆

**新教徒的活动据点**　进入 19 世纪 50 年代后，不单贸易和交通，信息网络也以上海为中心进行了重组。这只要看一看鸦片战争前一直致力于传播西洋信息的新教传教士的动向，就能很容易明白这一点。鸦片战争后，这些散布于五个开埠地的传教士大概是为了传教的方便，一个接一个地聚集于上海，把贸易和交通网络中心地上海作为自己的活动据点。

图十一　"麦家圈"内的教堂

最早来到上海的新教传教士是英国伦敦会所属的麦都思和雒魏林。上海开埠后的 1843 年，这两个人分别从原来的根据地广州和舟山定海移居上海，同时，他们还把原先位于巴达维亚的伦敦会印刷所和位于定海的洛克哈德诊疗所一起搬到了这个新天地。

后文将会提到，他们在开办了命名为墨海书馆和仁济医馆的两个设施后，又开设了伦敦会所属的教堂——天安堂。这三个设施在"麦家圈"（源自麦都思的中文名字，今山东路附近）内发展得很快，成为伦敦会乃至上海基督教新教所有会派的一大活动据点。

麦都思原本是跟随马礼逊在南洋开拓基督教传教的人物，马礼逊死后，麦都思继承了他的衣钵，成为伦敦会在中国传教的核心人物。

因此，他移居上海具有非常重要的意义，说得极端一点，这堪称是预示上海即将成为基督教传教的新中心地的事件。

**令人瞠目的活跃** 此后，在他的指导下，墨海书馆雄踞基督教出版界达十五年，出版了 25 万部汉译《圣经》[1]、171 种中文传教书和科学书。另外，被他个人和墨海书馆吸引，三十多名传教士相继移居到这片土地。[2]

众多的传教士在传教之余著书立说，或翻译欧美学者的著作，向中国介绍了许多西洋知识。

例如，在天文、地理学方面，慕维廉于 1853 年至 1854 年间写了《地理全志》，该书在以往西洋人文地理学的基础上增加了自然地理学的内容，并作了详细而明了的解释。

---

[1] 阮仁泽、高振农编：《上海宗教史》，上海人民出版社，1992 年。
[2] 张仲礼编：《东南沿海城市和中国近代化》，上海人民出版社，1996 年。

另外，祎理哲（他以宁波为根据地）于 1856 年大幅度地修订了前述的《地球图说》，致力于说明当时的中国知识分子尚未充分认知的地圆说和日心说，并介绍了各国的国情。伟烈亚力于 1859 年翻译了曾经担任英国天文学会会长的侯失勒约翰的名著《天文学概论》（1849 年初版），取名为《谈天》，系统地介绍了从哥白尼到开普勒与牛顿的西洋近代天文学的源流及最新研究成果。

在历史学方面，慕维廉于 1856 年以《大英国志》为书名，把托马斯·米尔纳的《英国史》翻译成中文。该书按各个王朝叙述了"政教之美冠于东西州""全盛之国"①的英国的两千年历史。书中简洁地说明了"巴力门议会"（国会）的"劳尔德士"（上院）和"高门士"（下院）的两院制和"推选"制，及下院的主导地位等英国政治制度，明确地解释了以往《海国图志》等书未能说清楚的知识。

裨治文于 1861 年撰写了《联邦志略》，作为他的《美理哥合省国志略》的第二次增补版。他在该书中极为系统地介绍了新兴国家美国的独立史，以及政治、经济、教育、宗教和各州的具体情况。

在数学、物理学方面，伟烈亚力首先于 1853 年撰写了《数学启蒙》，解释了西洋数学的初步知识。他接着于 1857 年把利玛窦翻译了一半的欧几里得《几何学入门》的后半部分翻译成《续几何原本》，从利玛窦的翻译开始，经 250 年，这本古希腊名著终于全部被翻译成中文。

此后，他于 1858 年出版了《重学浅说》，尝试用中文对以力学为中心的西洋近代物理学进行解说。翌年，他把英国数学家棣么甘的《代数初步》（1835 年）翻译成《代数学》，把美国数学家罗密士的《解析几何

①　［英］慕维廉：《大英国志·汉文序文》。

与微积分初步》(1850 年)翻译成《代微积拾级》。尤其在后一本书中，他不仅首次向中国介绍了西洋近代数学知识，同时还创造了许多新的中文数学用语，例如，系数、函数、变数、微分、积分，等等。

除这些学科，其他学科也有很多由新教传教士完成的汉译洋书，简直不胜枚举。例如，在医学方面有：在洛克哈德之后被任命为仁济医馆负责人的合信的《全体新论》(1851 年广州初版，1855 年墨海书馆再版)、《西医略论》(仁济医馆，1857 年)、《妇婴新说》(仁济医馆，1858 年)、《内科新说》(仁济医馆，1858 年)。在博物、生物学方面有：合信的《博物新编》(1855 年广州初版，同年墨海书馆再版)、韦廉臣的《植物学》(墨海书馆，1859 年)等。

正是他们这种令人瞠目的活跃，使上海迅速发展成西洋信息的发源地，到 19 世纪 50 年代后半期，上海已完全形成了以自身为中心的一大信息网络。

**信息生产基地** 然而，以慕维廉和伟烈亚力为代表的这些传教士为什么在 19 世纪 50 年代以后突然如此集中地出版中文著作？除麦都思，这些人在中国逗留的日子还不算很长，他们是如何把那些高度抽象的西洋科学书籍翻译成中文的呢？

为了回答这些问题，下面先来看一看他们具体的日常生活、所处的环境，尤其是墨海书馆这个使信息生产成为可能的"现场"的情况。

如前所述，墨海书馆是麦都思于 1843 年移居上海时把原先位于巴达维亚的伦敦会印刷设施迁到上海后设立的。

墨海书馆最初两年位于上海县城东门外麦都思租屋的底楼，此后于 1846 年迁到了县城北门外新造的一座二层楼房内。这一带还有麦都思新造的住宅和仁济医院与其相邻。后来，天安堂教堂也修建于此。前述的"麦家圈"其实是指集中了这些设施的一块地方。

墨海书馆在开办时只有一台手动印刷机和一套缺字很多的金属活字，印刷工人也只有一名中国青年。因此，麦都思必须一边对照现有的活字，一边写文章，被迫进行极为艰苦的操作。

到了1847年，为了应付在短时间内大量印刷圣经，伦敦传教会总部运来了一台双汽缸式印刷机。在此之前，伦敦传教会还派来了专业的印刷职员伟烈亚力。虽然墨海书馆在开办后的1844年已经开始印刷传教用的小册子，但是，它在经营上的活跃，大概是新机器和新职员到来后才成为可能。值得一提的是，这台汽缸式印刷机据说一天能印刷数万页纸。

**利用牛的动力**　关于19世纪40年代后半期的墨海书馆，日后成为传教士中文助手的王韬，把当时的情形记录如下：

> 时西士麦都思主持墨海书馆，以活字板机器印书，竟谓创见。余特往访之，竹篱花架，菊圃兰畦，颇有野外风趣。入其室中，缥缃插架，满目琳琅。麦君有二女，长曰玛梨，幼曰琊瓓，皆出相见。坐甫定，即以晶杯注葡萄酒殷勤相劝，味甘色红，不啻公瑾醇醪也。又为鼓琴一曲，抗坠抑扬，咸中音节，虽曰异方之乐，殊令人之意也消。
>
> 后导观印书，车床以牛曳之，车轴旋转如飞，云一日可印数千番，诚巧而捷矣。书楼俱以玻黎作窗牖，光明无纤翳，洵属琉璃世界。字架东西排列，位置悉依字典，不容紊乱分毫。
>
> 与麦君同在一处者，曰美魏茶，曰雒颉，曰慕维廉，曰艾约瑟，

咸识中国语言文字。①

　　利用牛的动力运转印刷机器,这种事情恐怕对当时的中国人来说是极为罕见的。在其他文章中,王韬对这个西洋舶来的完全看不习惯的机器作了更为详细的记录:

　　　　西人设有印书局数处。墨海,其最著者。以铁制印书车床,长一丈数尺,广三尺许,旁置有齿重轮二,一旁以二人司理印事,用牛旋转,推送出入。悬大空轴二,以皮条为之经,用以递纸,每转一过,则两面皆印,甚简而速,一日可印四万余纸。字用活板,以铅浇制。墨用明胶、煤油合搅煎成。印床两头有墨槽,以铁轴转之,运墨于平板,旁则联以数墨轴,相间排列,又揩平板之墨,运于字板,自无浓淡之异。墨匀则字迹清楚,乃非麻沙之本。印书车床,重约一牛之力。其所以用牛者,乃以代水火二气之用耳。②

　　众所周知,美国的 R. M. 霍发明蒸汽轮转印刷机是在 1846 年。墨海书馆引进汽缸式印刷机是在 1847 年的秋天,因此,这台机器是霍式轮转机的可能性很小。但是,它毫无疑问是前一代轮转机,在当时是一种非常先进的机器。其优越的性能,不久在印刷圣经和其他书籍时得到了充分的发挥。整个 19 世纪 50 年代,这台机器是支撑墨海书馆的原动力之一,这样说不算过分。

①　王韬:《漫游随录》,1887 年。
②　王韬:《瀛壖杂志》,1875 年。

**最初的汉译《圣经》**    这样，为了解墨海书馆开办最初的样子，我们首先介绍了作为其"招牌"的轮转式印刷机。但是，引进这台机器，最终是为了印刷新翻译的《圣经》。因此，我们还须回顾一下墨海书馆的最大事业——《圣经》汉译的"现场"。

在中国，最早着手《圣经》汉译的新教传教士是马礼逊。1807年来华的马礼逊几乎靠一人之力，于1813年开始翻译《新约圣书》。后来，他得到了派遣来华的伦敦会传教士米怜的帮助，于1819年完成了《旧约圣书》的汉译工作。1824年，马礼逊把这两本圣经合并起来，出版了《神天圣书》（又名《圣书全书》）。这是中国最早的汉译《圣经》。但是，在马礼逊翻译的《圣经》中存在着很多表达方面的问题，对于中国人来说很难理解这本书。①

鉴于这个事实，在马礼逊之后来华的麦都思、郭实腊以及裨治文等传教士对其进行修订。他们联手于1837年把《新约圣书》改名为《新遗诏书》出版，接着由郭实腊一人于1838年把《旧约圣书》改译为《旧遗诏书》出版。这样，虽然完成了《神天圣书》的最早修订版，但是，郭实腊对这个修订版似乎感到不太满意，独自修订了《新遗诏书》，于1840年出版了《救世主耶稣新遗诏书》。

**是"神"还是"上帝"？**    但是，由于得不到有教养的中国人参与，外界对翻译出来的《圣经》的评价似乎不高。因此，以伦敦会为首的各会派的代表于1843年齐聚香港，围绕今后的改译事业进行商讨，结果重新组织了以麦都思为负责人的翻译委员会，决定由这个代表委员会

---

① ［日］吉田寅：《中国新教传教史研究》，汲古书院，1997年。另外，可从本书中获得许多关于其他新教传教士在华活动的知识。

制作《圣经》汉译的终极版。

由麦都思和前述米怜的儿子查尔斯·米怜等五人组成的代表委员会,大约从 1847 年 6 月开始聚于上海"麦家圈"麦都思的住宅,几乎每天"从早上十点到下午两点半",在中国助手的参与下"字斟句酌",①翻译《圣经》终极版。

在他们的努力下,最终于 1850 年完成《新约全书》(1852 年出版)的汉译,接着于 1853 年完成了《旧约全书》的汉译(1855 年出版)。

在翻译过程中,围绕着"God"的译词,以麦都思为首的英国传教士与以裨治文为首的美国传教士之间发生了争论,前者将这个词译为"上帝",后者则认为"上帝"带有现世的形象,应该译为"神"。结果,两者的意见不能调和,各自出版了把"God"译为"上帝"的译本(大英圣经会出版)和译为"神"的译本(美华圣经会出版)。日本把"God"译作"神",肯定是明治初期受了美国译本的影响。

代表委员会翻译的《圣经》终极版得到了世人的好评,尤其是《新约全书》,到 1859 年已经再版了十一次,据说,一直到 1920 年代还在使用。在成功的背后,实际上有一个人在幕后起了作用,他就是前文数次提到的王韬。由于他加入了翻译工作组,译文变得焕然一新,语言优雅精练。这个译本后来甚至获得了"文理圣书"的美名。②

**墨海书馆的"浪人"秀才们**　王韬于 1828 年出生于江苏苏州府的甫里,据说早在少年时代,他的文章就被称为有"奇气",可见他是一个

---

① 〔美〕科文著,雷颐、罗检秋译:《在传统与现代性之间——王韬与晚清革命》,江苏人民出版社,1998 年。

② 〔美〕科文著,雷颐、罗检秋译:《在传统与现代性之间——王韬与晚清革命》。

极有才气的知识分子。他在十七岁的时候，在科举考试的最初阶段——县试中合格，成了秀才（生员）。但是，在以后的乡试中他屡屡落榜，断绝了当官扬名的道路。1849 年，王韬挑起其亡父留下的生活重担，为养活一家六口来到上海，成为麦都思的中文助手。他住进了墨海书馆，作为雇员在那里工作了十三年。

图十二　王韬

如前所述，在进入墨海书馆之初，王韬主要是协助代表委员会翻译《圣经》。具体来说，他的工作是增删传教士们的译文，把文章润色成符合中文的习惯。对他来说，这是一项极为轻松的工作。但是，从传教士的角度来看，他们完全是第一次雇佣如此有学问的中国人做助手。在翻译《圣经》之后，他们还委托王韬对许多赞美诗的文字进行增删，对他的文才予以极高的评价。

在这种高度信任下，在《圣经》的翻译工作告一段落后，王韬于 1853 年与艾约瑟一起翻译了《格致新学提纲》，又从 1857 年开始，他协助伟烈亚力一边编辑后文将提到的《六合丛谈》杂志，一边出版前述的《重学浅说》。

但是，王韬对墨海书馆所作的贡献远不止于此。在他的介绍下，数学家李善兰于 1852 年、文学家蒋敦复等中国知识分子于 1853 年相继来到墨海书馆，开始从事与王韬一样的工作。[1]

---

[1]　张志春编：《王韬年谱》，河北教育出版社，1994 年。

　　例如,前述伟烈亚力的《续几何原本》《代数学》《代微积拾级》《谈天》以及韦廉臣的《植物学》等,全部是与李善兰合作完成的译著,慕维廉的《大英国志》是在蒋敦复的协助下完成的。这三个人的活跃,成为一种榜样。其后,熟悉医学的管嗣复、具有天文学教养的张福僖等十几人投身于墨海书馆,尽管时间长短不一。①

　　其中,管嗣复不仅协助合信的《西医略论》《妇婴新说》《内科新说》的汉译工作,还帮助不属于伦敦会的裨治文修订其著作《美理哥合省国志略》(《联邦志略》)。

　　这些人与王韬一样,虽然都中了秀才,但在接下来的科举考试中失败,是一群类似于"浪人"的人。对于断绝了仕途的他们来说,墨海书馆给他们相当高的报酬,尽管算不上才尽其用,但此地也绝非一个令人心情不愉快的场所。像李善兰这样的人,通过"翻译"这一行为,在某种程度上实现了自我价值。

　　他们来到墨海书馆的时候,适逢书馆的《圣经》汉译工作告一段落,传教士们总算腾出了空余时间去翻译有关西洋情况和科学书籍。正是这两个条件的结合,墨海书馆才能够开始大量出版汉译洋书。到19世纪50年代后,传教士的中文著作突然增加的历史背景无非起因于此。

　　**走向开明派的契机**　这里有一篇记录了墨海书馆鼎盛时期的文章,②文章的作者是后来出任中国首任驻英公使的郭嵩焘。此时,他正在镇压太平天国的曾国藩手下从事催征盐税筹措军饷的工作,他的上

---

海之行也许是军务的一部分。

> 次至墨海书馆。有麦都事者，西洋传教人也，自号墨海老人。所居前为礼拜祠，后厅置书甚多。东西窗下各设一球，右为天球，左为地球。麦君著书甚勤。其间相与校订者，一为海盐李任叔，一为苏州王兰卿。李君淹博，习勾股之学；王君语言豪迈，亦方雅士也。为觅《数学启蒙》一书，为伟烈亚力所撰。伟君状貌无他奇，而专工数学。又有艾君，学问尤粹然，麦都事所请管理书籍者也。外赠《遐迩贯珍》数部，前格物理一二事，而后录中外各处钞报，即所谓新闻报也。王君挈眷寓此，所居室联云："短衣匹马随李广，纸阁芦帘对孟光。"亦有意致。询其所事，则每日出坐书厅一二时，彼所著书，不甚谙习文理，为之疏通句法而已。

据说，郭嵩焘后来对"西洋事情"产生了兴趣。使他成为领导洋务运动的开明派官僚的最初契机，就是这次寻访上海的体验，尤其是在墨海书馆的所见所闻。[①] 当然，这终究只不过是研究者们的推测罢了，但这种推测也许是准确的。

这是因为，这个时期的墨海书馆的确给更多的中国知识分子带来了某种"冲击"，它的存在，的确起到了向中国社会介绍"西洋"的窗口作用。这里，为了更详细地说明这种状况，笔者将进一步引用王韬在这一时期的日记，尽管在前面已经引用了不少。

---

① 曾永铃：《郭嵩焘大传》，辽宁人民出版社，1989 年。

**蒸汽机的实际演示** 翻开《王韬日记》,[①]在与那些风流文人交游的记录中最醒目的是,包括王韬本人在内的墨海书馆中人,非常频繁地把"西书"(汉译洋书)赠给中国知识分子。

赠书的对象不局限于他们的一般朋友,还包括上海道台(地方长官)吴健彰等高官,甚至还以日本为目标:"合众教士欲售《合信医书》数册,寄至日本。"(1858 年 12 月 25 日)当然,因为带有"传教"的目的,所以不能说是纯粹的"启蒙"活动。但是,这些行为展示了墨海书馆作为信息发源地的面貌。

仅次于图书赠予而经常出现的记录,是从各地来的各种人物来访和参观书馆印刷机器等设备。这些人当中有后来升任江苏巡抚的徐有壬、首任驻日本副公使张斯桂等。由此可见,墨海书馆对中国有实力的知识分子产生了巨大的影响力。

在参观设备的记录中,最有趣味的是由传教士亲手进行的开动蒸汽机的实际演示。例如,在 1860 年 1 月 27 日的日记中记有"观西士伟烈试火轮器,水沸气涌,行转甚速",这类记述在后面的日记中屡次出现,可见,墨海书馆不定期地进行这种试验来吸引中国人参观。另外,王韬本人也学习"照影法",在友人的住宅内亲手尝试摄影。

此外,日记还随处记录了试吃牛肉、朋友用"夷礼"(西洋仪式)进行的结婚仪式、西洋妇人演奏钢琴等西洋的"日常"生活,记下了当时墨海书馆的情形以及人们关心之所在。

当然,日记中并不是一味地记载王韬接受西洋事物,也记载了他与伟烈亚力的争论,批判"西国政之大谬"、主张中国的"太古之风"等

---

① 方行、汤志钧整理:《王韬日记》,中华书局,1987 年。

记录。从这里可以窥见以王韬为代表的中国知识分子对西洋认识的复杂一面。

**活生生的窗口**　这样，从第一次鸦片战争结束到第二次鸦片战争（亚罗战争）结束的近二十年间，由于传教士和"浪人"秀才们的活跃，墨海书馆不单是出版汉译洋书的西洋信息发源地，而且还作为"活生生"的西洋窗口起到了巨大作用。除去"传教"的因素，在当时尚未设立官办西学机构的中国，它的存在也许类似于江户幕府的"洋学所"（1855 年设立）。

顺带提一下，相当于中国"洋学所"的京师同文馆、上海广方言馆、江南制造局翻译馆都是在 19 世纪 60 年代设立的，比墨海书馆晚了近二十年时间。如后文所述，墨海书馆的影响力并不停留于中国国内，它在日本的影响甚至超过了中国，给幕末的日本人带来了许多"信息"恩惠。

进入 19 世纪 60 年代后，围绕着原先的传教和洋书翻译的情况，传教士之间出现了意见对立，致使墨海书馆的活动迅速衰退。①

1860 年 10 月，负责汉译洋书印刷的中心人物伟烈亚力休假回国后，大部分的印刷业务让给了新从宁波迁到上海的美国长老会所属的美华书馆（在宁波时的名称为华花圣经书房，1844 年创立于澳门），不久，印刷设备也被准备发行《上海新报》的字林洋行收购去了。墨海书馆就这样结束了它的黄金时代。

---

① 沈国威编：《〈六合丛谈〉的跨学科研究》，白帝社，1999 年。

## 二、汉译洋书带来的"西洋"

**频繁的日中往来** 从根本上来说,墨海书馆出版的这些汉译洋书都是为开拓在中国的传教之道、启蒙中国知识分子、促进中国的"开国"而著述的。如前所述,在某种程度上,它们渗透进中国社会,引起了稍许"冲击",这是不争的事实。

很遗憾,这些书籍传播的内容在中国被正式接受、消化,却花了半个世纪以上的时间。其原因是很复杂的,例如,不愿接受外来事物的中华意识、科举制度对知识分子的束缚等。研究这些问题是一件非常有趣的事情,但是,它偏离了本书的主题范围,因此本书不作深入探讨。

这里想要研究的是,这些书籍自19世纪50年代中期恰好搭上前述的"交通"网络,大量地舶来日本、"启蒙"日本知识分子、促进日本"开国"的过程。

在考察幕末时期汉译洋书传到日本的时候,最初碰到的问题是这些书籍究竟通过何种途径舶来、究竟舶来了多少种类和数量?

如果这只是从中国进口的货物,那么就可以根据《赍来书目》《书籍底账》《中标账》等与长崎会所进口业务有关的账本,在某种意义上可以非常简单地查明。

但是佩里来航以后,出现了唐船以外的传播途径,特别是1858年"安政开国"后,日本进入了一种自由贸易体制,由于包括邮船在内的各种船只频繁地往来于日中之间,因此无法像以前那样确定其种类和数量。不过,如果对这些途径进行分类,则大致可以分为三种,即列强军舰的舶载、日中商人的进口以及来日传教士的带入。下面简单地看一看汉译洋书通过这几种途径舶来日本的情况。

**佩里舰队带来的杂志** 军舰舶载可以追溯到佩里舰队的来航。1854 年 1 月，在第二次来日途中停留在琉球的时候，佩里舰队中的一个成员送给当地人两册前述的墨海书馆赠送给郭嵩焘的同一种中文杂志《遐迩贯珍》。

《遐迩贯珍》是麦都思于 1853 年 9 月在上海时发行于香港的月刊杂志。正如郭嵩焘所言，其内容大体上是每期的前半部分以介绍科学等西洋文明的文章为主，后半部分则多为国内外的新闻报道。究竟是谁把这两册《遐迩贯珍》带到琉球，已不得其详，不过，当时搭乘佩里舰队的成员当中懂中文的只有译员卫三畏和罗森两人，也许就是其中一人带来的。

卫三畏是美国美部会（公理会）所属的传教士，1833 年来华，当时在广州管理教会的印刷所。罗森是居住在香港的文人，应卫三畏的邀请，乘上了佩里舰船，后来在缔结《神奈川条约》的时候，他作为中文翻译大大活跃了一把。

无论如何，这两册《遐迩贯珍》后来从琉球传到了萨摩藩，又以抄本的形式在全国有实力的藩士之间广为流传。

也许不止是这两册抄本，安政五年（1858 年），当时的外交长官岩濑忠震藏有《遐迩贯珍》，在此之前，胜海舟和吉田松阴都阅读过该杂志，他们在给朋友的书信中提到了此事。①

当然，《遐迩贯珍》只是一个特殊的例子，一般来说，不太可能查明

---

① ［日］增田涉：《西学东渐与中国事情》，岩波书店，1979 年。

军舰舶载来的汉译洋书的具体情况。就笔者的调查而言，后来只有在胜海舟的《开国起原》中留下了类似的记录，除此之外，几乎无从查考。

通过日中商人进口的书籍，也几乎无从查考。这是因为，进入自由贸易体制之后，原来的长崎会所的舶来图书检阅功能几乎已经瘫痪，很难查明通过这个途径究竟舶来了什么书籍、多少数量。

不过，1858 年左右，随着英美等外国商社陆续进入长崎，很多中国商人以商社雇员的形式来到日本，与原先的官商、额商竞争，积极地开展合法或不合法的贸易活动。① 对于当时的长崎来说，上海是最重要的贸易伙伴，考虑到这一事实，这些被称作"不合法的唐人"的中国商人向日本输出了需求量很大的汉译洋书中的一部分，这是极有可能的。

例如，从 1858 年到 1859 年，一个名叫三宅艮斋的居住在江户的荷兰医生，连续翻刻前述合信的《西医略论》《妇婴新说》《内科新说》等书，可以推测，这个三宅艮斋很有可能通过长崎经常购买来自上海的"书籍药品等"。

**卖掉了一千部以上** 与上述的两个途径相比，来日传教士所带来的汉译洋书却能意外简单地得到确认。他们在给友人的书信和日记中留下了很多相关的记录，其中不仅记录了图书的种类，甚至记录了具体的册数。

例如，开国后最早从上海来到长崎的美国圣公会所属的林约翰在给友人的书信中，骄傲地宣称：慕维廉的《地理全志》《大英国志》，裨治文的《联邦志略》，祎理哲的《地球图说》，合信的《西医略论》《博物新

① ［日］山胁悌二郎：《长崎的唐人贸易》。

编》，韦廉臣的《植物学》等"中文书"在"日本上流社会人士"之中"卖掉了一千部以上"。①

另外，1859 年来到日本、在神奈川开展传教活动的长老会所属的黑本，在第二年 4 月 7 日给友人的书信中称自己已经卖掉了袆理哲的《地球图说》"二百五十册左右"。② 据说，这本书在日本人之间博得了极高的评价。

**佛教徒的忧虑** 这样，关于汉译洋书的传入途径，大体上是以上三种。但是，在确认了这些途径后，接下来的课题是有必要研究一下这些书舶来后在日本的流传情况。

这是因为，在思考这些书籍带给日本何种"冲击"这一问题时，流传的情况比传入的途径更为重要。

与传入途径一样，幕末汉译洋书的流传还有很多问题尚不清楚。因此，这里无法提供流传情况的全貌，尤其是具体的统计数字。不过，林约翰和黑本以及个别日本人对这些书籍的流传情况留下了一些记录，这些记录使我们了解当时流传情况的一个侧面。

例如，1863 年，时任真宗大谷派嗣讲师的香山院樋口龙温在自己的讲义《辟邪护法策》中称：

> 可是，两三年以来，《万国纲鉴录》《地球略》《地理志》《谈天》等大量书籍偷偷地流行起来。另外，官版书籍也不少。如果不完全搞清楚耶稣教，那么，即便是下了禁令，它仍能若无其事地使人

---

① ［日］吉田寅：《中国新教传教史研究》。
② ［日］高谷道男编译：《黑本书信集》，岩波书店，1959 年。

们成为耶稣教徒。此外,《中外新报》之类的东西一次只卖一卷, 海外诸国的《风说书》却像年历一样,一卖就是数百卷。①

他指出,汉译洋书大量地"偷偷地流行",从佛教徒的立场对此事态表示忧虑。

另外,1867 年,真宗大谷派嗣讲师富樫默惠在其《内外二忧录》的讲义中称:

> 当时两三年之间,据我所见,耶稣教著述的书籍接近一百部。邪教如此滔滔地流行于天下,谁人不悲愤? 二百余年的严禁,虽说是时势,但早已废弛,国家的危厄由此产生。

他回顾了开国后不久汉译洋书的大量流入,认为它将给日本国家带来"危厄",对此感到由衷的悲愤。②

此外,在 1865 年,有人指出:"邪教书籍"的"舶来","总计九十六部"。③ 但是,这个数字指的是宗教书籍,绝不是全部书籍,不包括我们想要讨论的汉译洋书。

在一度担任开成所长官的柳河春三的中文著作《横滨繁昌记》中,有两三个地方对幕末的舶来书籍作了统计,但也不完整,不能将它囫囵吞枣地加以引用。

不管怎样,就目前笔者所掌握的资料而言,除了个别书籍,在上海出

---

① ［日］德重浅吉:《明治佛教全集》,第八卷,《护法篇》,春阳堂,1935 年。
② ［日］富樫默惠:《内外二忧录》,《明治佛教全集》,第八卷,《护法篇》。
③ ［日］云英晃耀:《护法总论》,《明治佛教全集》,第八卷,《护法篇》。

版的八成以上的汉译洋书以抄本或翻刻的形式在日本广泛流传，这几乎是可以确认的，它在日本的渗透程度远远超出了中国内地(参照表三)。①

表三　传教士的汉译洋书在幕末日本的翻译情况

| 书名(作者，版本，出版年) | 翻刻者，版本，出版年 |
|---|---|
| 《数学启蒙》(伟烈亚力，墨海书馆，1853 年) | 幕府陆军所和刻，安政年间 |
| 《航海金针》(玛高温，宁波华花圣经书房，1853 年) | 江户冈田屋，1857 年 |
| 《地理全志》(慕维廉，墨海书馆，1843—1854 年) | 盐谷宕阴训，爽快楼，1858—1859 年 |
| 《遐迩贯珍》(麦都思，香港英华书院，1853 年) | 抄本 |
| 《全体新论》(合信，墨海书馆再版，1855 年) | 伏见越智藏版，二书堂发售，1857 年 |
| 《博物新编》(合信，墨海书馆再版，1855 年) | 开成所训，官板，江户老皂馆，文久年间 |
| 《地球说略》(袆理哲，宁波华花圣经书房，1856 年) | 箕作阮甫训，江户老皂馆，1860 年 |
| 《大英国志》(慕维廉，墨海书馆，1856 年) | 青木周弼训，长门温知社，1861 年 |
| 《智环启蒙》(理雅各，香港英华书院，1856 年) | 柳河春三训，江户开物社，1866 年 |
| 《香港船头货价纸》(日本版为《香港新闻》，Daily Press，1857 年) | 开成所官板，文久年间 |

---

① 　关于中国国内的汉译洋书的流传状况，请参照熊月之：《西学东渐与晚清社会》，上海人民出版社，1994 年。

续表

| 书名（作者，版本，出版年） | 翻刻者，版本，出版年 |
|---|---|
| 《西医略论》（合信，仁济医馆，1857 年） | 三宅艮斋，江户老皂馆，1858 年 |
| 《六合丛谈》（伟烈亚力，墨海书馆，1857 年） | 蕃书调所官板，江户老皂馆，1860—1862 年 |
| 《重学浅说》（伟烈亚力，墨海书馆，1858 年） | 淀阴荒井某傍点，淀阳木村某翻刊，1860 年 |
| 《内科新说》（合信，仁济医馆，1858 年） | 三宅艮斋，江户老皂馆，1859 年 |
| 《妇婴新说》（合信，仁济医馆，1858 年） | 三宅艮斋，江户老皂馆，1859 年 |
| 《中外新报》（玛高温，宁波华花圣经书房，1854 年） | 蕃书调所官板，江户老皂馆，1860 年 |
| 《代数学》（伟烈亚力，墨海书馆，1859 年） | 骏河塚本明毅校正，静冈集学所，1872 年 |
| 《谈天》（伟烈亚力，墨海书馆，1859 年） | 福田泉训，大阪河内屋，1861 年 |
| 《植物学》（韦廉臣，墨海书馆，1858 年） | 木村嘉平，1867 年 |
| 《联邦志略》（裨治文，墨海书馆，1861 年） | 箕作阮甫训，江户老皂馆，1864 年 |
| 《中外杂志》（麦嘉湖，上海，1862 年） | 开成所官板，江户老皂馆，1864 年 |
| 《万国公法》（丁韪良，北京崇实馆，1864 年） | 开成所训点翻刻，江户老皂馆发售，1865 年 |
| 《格物入门》（丁韪良，北京同文馆，1868 年） | 本山渐吉训，明清馆，1869 年 |

注：此表参考《日本基督教史相关日汉书目录》（基督教史学会编，文晃堂，1954 年）等书。

**在藩校的"教科书"中**　为了解汉译洋书在日本的普及率，还可以参考一下各地学校对这些书籍的利用情况。

明治初期，《地理全志》《地球说略》《大英国志》《联邦志略》等书的翻刻版被许多藩校（例如：金泽、福井、出石、田边、神户、淀、延冈、武雄、伊势度会等学校）当作"教科书"来使用。① 其中，《地理全志》和《智环启蒙》（理雅各著，香港英华书院出版，1856 年初版）最受欢迎。这两本书被至少五所学校采用。

也许这可以被视为从江户兰学到明治洋学的过渡时期出现的现象。在这个过渡期（十九世纪五六十年代），这些书籍所起到的作用是不可否定的，说得极端一点，这些书籍不仅填补了两者之间的空白，甚至可以认为，它使兰学转变为洋学成为可能。这些汉译洋书所带来的"冲击"的射程，在任何领域都到达了很远的地方。

**信息管制的目的**　以上，我们花了很大篇幅讲述上海网络的形成以及汉译洋书的流传情况。从文化交流史的角度来看，这虽然极有意义，但从最初的课题——日本的开国与上海的关系来看，只讲述这些是不够的。

这是因为，在某种意义上，这只不过涉及了问题的表面，还不能正面回答"上海信息"给日本带来了什么样的"冲击"。对于幕末日本来说，"上海"究竟是一个什么样的地方？ 为了回答这一问题，有必要研究一下那些舶来信息，尤其是综合性地传播这些信息的《六合丛谈》等中文杂志的内容。

今天的人们也许不太知道，幕末曾出现了《文久新闻》等一系列翻

---

① 　开国百年纪念文化事业会编：《锁国时代日本人的海外知识》，乾元社，1953 年。

译报纸。具体而言,是指从以荷属东印度总督府机关的机关报《爪哇时报》(*Javasche Courant*)为首的几种西文报纸上精选一些报道并按照发行顺序翻译的《官板巴达维亚新闻》(文久二年[1862 年]二月)、《官板海外新闻》(文久二年八月)、《官板海外新闻别集》(文久二年八月)等三种报纸,以及前述的中文杂志《遐迩贯珍》《官板六合丛谈》《官板中外新报》《官板香港新闻》《官板中外杂志》等五种杂志。正如其名称所示,这八种报纸和杂志都是由幕府的蕃书调所(即征收所)及其后续机构洋书调所、开成所进行翻译与翻刻的,并由江户老皂馆书店出版发行。

到了文久年间,幕府突然出版了这些翻译报纸,在某种意义上有着非常明确的日的。其一,安政开国后,由于相继废止了提交《荷兰风说书》和《唐风说书》的政策,因此,无论如何都需要一个信息来源。其二,对载有基督教和其他各种材料的西文报纸和中文杂志进行部分删除,利用官板的形式出版发行,可以达到一定的信息管制目的。

当然,不能说幕府的这个目的完全没有效果。但是,出版发行了这些"文久新闻"后,以往少有的"新鲜"海外信息开始迅速得到普及,这具有非常重要的意义。它不仅补充了原有书籍的信息,在传播更准确的信息这一点上,给日后幕末社会的各种动向带来了影响。

**从四种中文杂志看西洋和"冲击"**　《官板巴达维亚新闻》《官板海外新闻》《官板海外新闻别集》三种西文报纸超出了本书的研究范围,故在此省略。我们来考察一下除抄本《遐迩贯珍》之外的四种中文杂志的内容。虽说只是简单的四种杂志,但实际上具有庞杂的内容。例如,《官板六合丛谈》有十五卷,《官板中外新报》有十二卷,《官板香港新闻》有二卷,《官板中外杂志》有七卷。这里将其内容分为天文地理学、民主政治、西洋文化、各国的产业等四个项目来介绍。

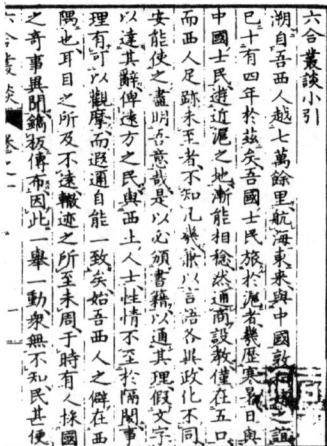

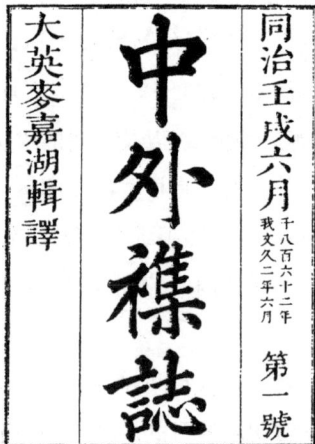

图十三　《六合丛谈》　　　　图十四　《中外杂志》封面

**地球球体说的强调——关于天文学与地理学的信息**　不知道编者是否意识到中国传统重视天文、历算的思想，在这些中文杂志中，介绍天文学与地理学的文章特别多，它们大体刊登在卷首或紧接着卷首的位置。

例如，《六合丛谈》从第一卷到第十五卷全部如此；《中外杂志》七卷中，有四卷也采取了这种编辑形式。在那里，传教士们反复强调地圆说和日心说，并不时地介绍哥白尼、伽利略乃至牛顿的学说。让我们来看一看《六合丛谈》卷一中慕维廉的文章。①

---

① 《六合丛谈》卷一，《日本初期报纸全集》第一卷，鹈鹕社，1986 年。

　　　　天文家曰：吾人所居之地乃诸行星之一也。诸行星皆绕日而
　　行，故或称属日之诸行星。行星离日之远近不同，大小、疏密及自
　　转之时间亦不同。体为扁圆，不透光，亦不发光，惟返日光而已。
　　自西向东而行，轨道为椭圆。（中略）地球，行星也。去日二万七
　　千五百五万里，绕日一周为三百六十五日二时七刻三分四十九
　　秒，是谓一岁。自转一周为十一时七刻十一分四秒，加之三分五
　　十六秒，共十二时，成一昼夜。

不用说，这种程度的知识在今天都是常识。但是，在 19 世纪 50 年代
的中国，这是极为罕有的能够给人带来"冲击"的宇宙认识。

　　当然，地动说早在前述的利玛窦时代已经传到了中国，不过，这仅
限于专家的知识，还没有渗透到一般的知识分子。

　　例如，郭嵩焘于 1856 年访问杭州时，第一次听到"日不动地动"的
说法，对此"颇为疑惑"，①无法理解其义。他作为一个科举成功人士尚
且处于这种状态，一般知识分子的情况也就可想而知了。

　　传教士们执意提倡地圆说和日心说，不单是为了介绍西洋的先进
学说和知识，启蒙中国知识分子，另外还有一个目的：那就是要让中国
人认识到地球是圆的，在圆的地球上，中华绝不是中心，"万国"是所有
平等的"国家"。他们想把这个观念植入所有中国人的脑中。

　　在此意义上，麦都思特意把地球仪放置在自宅的客室内，也许有
着相同的动机。可见，传教士们为打破"中华意识"，真是用心良苦。
他们的努力取得了成效，到了 19 世纪 50 年代后半期，中国人确实多

①　郭嵩焘：《郭嵩焘日记》，1856 年 1 月 25 日。

用比较中性平等的"瀛环""万国"以及"地球"等词语，以取代以往代表世界观的"天下"这一概念，虽然只是一点一滴，但说明中国人开始淡化"中华意识"。

**"学习天文"** 然而，有着兰学积累、地动说早已渗透进来的日本，究竟是如何接受《六合丛谈》等传播的地球球体说和太阳中心说的呢？虽然日本在这方面的认识比中国深入得多，但所受到的"冲击"与中国并无二致。

图十五　曾国藩、曾纪泽父子与地球仪

然而，除了当今笃信和学习佛法的僧徒，其余的儒者和神道者皆背弃了自己原来的信仰，不知不觉地残害我们的道统，他们开口必谈地球五大洲。三十余年前的江户街上，人们看到卖地球之图的人便皱起眉头，现在地球之图等却在路边泛滥成灾。

有一个在藩内的西洋人到江户学习天文，在回国前寻访真宗一派的知名学者，不厌其烦地大谈地球，愚弄了须弥界。然而，据说该学者只懂宗学，对其他事情一无所知，被弄得一言不发面红耳赤。如果此辈之人在各地纷纷出现的话，则不知如何是好。

不染居士曾说，来世佛法的大难必然因天文地理之说而引起。果真如此的话，则外国的天文地理是我佛教的另一个劲敌。

与外国通商交易后,因《地球说略》《地理全志》《谈天》等书不断地
在世上流行,故我等亦要学它,不可不知。

这是前文所述的香山院樋口龙温于 1863 年写的文章。[①] 虽然没有列
出《六合丛谈》等中文杂志的名字,而且对此持反对立场,但是,这里真
实反映了这些汉译洋书的迅速"普及",以及西洋天文地理学知识的新
一轮渗透状况。由此可知,正因为日本有着兰学的基础,对这些知识
的接受比中国快得多。

　　与天文地理学相关,在一系列中文杂志中连载了当时正在计划
建设的苏伊士运河和巴拿马运河的消息。特别是对于前者,《中外新
报》等热衷于连载介绍它的进展情况,表明那是那个时代为世界瞩目
的一件大事。它不是由书籍而是由月刊杂志传播的信息,虽然不知
道其内容在多大程度上是被有意识地安排的,但它不仅更为准确地
证明了地球是球体,而且唤起了人们乘船绕世界一周的带有现实意
义的梦想。

　　**美国总统选举战报道——中文杂志传播的民主主义**　关于西洋
各国的政治情况,自魏源的《海国图志》以后,在慕维廉的《大英国志》、
裨治文的《联邦志略》等书中已不同程度地被介绍过。但是,这些书都
仅限于解说政治制度本身,在很多场合只说明其概念后便无下文了。
在此意义上,这些中文杂志在概说那些制度的同时,大概是由于杂志
的特性,传播得比较多的,毋宁说是制度的具体运作、民主政治的"现
场"情况。

---

① 　[日]樋口龙温:《急策文》,《明治佛教全集》,第八卷,《护法篇》。

　　例如,《六合丛谈》创刊于 1857 年,那一年恰好是美国总统的大选年,围绕着奴隶制度的存废,三个候选人之间展开了激烈的争论。该杂志从创刊号开始一直注目于此,一边介绍布坎南候选人关于建设横跨大陆铁路的承诺等选举细节,一边简略地介绍民选总统的选出过程。而且,正如下面引用的材料那样,作为这一系列"报道"的总结,介绍了现任总统离任前所作的国政报告,传播了总统制政治运作的实际情况:

　　　　合众国之首领簿家南,民所新推立者也。丙辰十一月六日,议院之绅士群集。旧首领庇尔思已届四载,将谢政柄,以归田里。乃按旧例莅临议院,备论国事,宣示众民。其始略论统国疆土,以及选举绅士之事。继论赋税银。至丙辰五月二十九日,已匝岁矣。核所征之银,总七千六百九十一万八千一百四十一元,并乙卯盈余之项,共得九千二百二十五万一百十七元。(中略)总核前五年度所支之费,每岁约四千八百万元,以后五年,此数亦足可用。前年关税计六千四百万元,今别立新例,当不得过五千万元。旧岁之兵士,征调孔烦,阿里颜、华盛顿二地之红人,争战未已。今各罢兵旅,与民休息,望共享升平。(中略)又曰:本国今与列邦和好,相安无事。现于英京定新和约,各期辑睦,已定中亚墨利加之地。(中略)庇尔思之所论详备,此特撮其大要耳。[①]

当然,在那个时候,林肯的名言"民治、民有、民享的政治"尚未产生。

---

① 《六合丛谈》卷三。

林肯发表这一著名宣言,在世界引起了感动的漩涡,那是五年后的事。

但是,总统向国民逐一报告财政、内政、外交诸问题,这件事本身无疑体现了"为了人民的政治"的民主主义的基本精神。而且,这件事虽然记载得很简略,但被许多中文杂志"报道"后,对当时的人们来说,感受到的只可能是"冲击"。另外,记载此事的《六合丛谈》开始在日本广泛流传的时期,正好是搭乘"咸临丸"的遣美使节团横渡太平洋访美的时期。因此,如果这些报道被那些武士读过的话,那么就能自然而然地理解,这些信息对他们来说具有多大的价值。

**不可理解的事件**　1857 年,也就是所谓的"亚罗"号事件发生的第二年,围绕着因极其微小的摩擦而引起的"亚罗"号事件,在此后的外交处理过程中,中英两国逐步加深了对立,最终在这一年的年底进入了战争状态。也许是关系到编辑者自身的命运,一系列的中文杂志对战争之前两国的动向进行追踪报道,比前述的美国总统选举更为详细,这些杂志几乎每期都介绍英国议会就开战与否所展开的议论及其动向:

> 英为粤乱之事集于议院以筹商,爵宦绅士皆谓事关至要,众论必金同。时言战言和者分为二,英相则主战,上院中从相臣之意主战者二十六人多,下院欲非战主和者十六人多。英相志已决然,不欲逊去其位,下令将遍谘众庶。定于三月下旬,谕下院绅士散归田里,以粤事和战之是否折衷于民。现民欲别简绅士,或于五月之间再集共议。伦敦等处之巨商,各于其地集议,不以下院之所论为然。或云上书相臣,必与中土立新盟约,遣公使驻扎京师,解各海口之通商贸易、江淮间商舶往来之禁。观此可知,再集

　　之时，新简之绅士或甚合相臣之意。①

这就是所谓的第二次鸦片战争英国方面最终决定开战的新闻。当然，这个消息本身就是十分令人震惊的。但是，对于当时的人们来说，报道上记载的决定开战的程序，恐怕更给人带来"冲击"。这是因为，有权决定是否发动赌上一国之命运的战争的，既不是"英王"，也不是"相臣"，而是"民"的"折衷"。这对于 19 世纪 50 年代的中国人和日本人来说几乎是不可理解的事情。在此意义上，中文杂志上所刊登的这类报道，正好起到了为西洋议会制度添加"注释"的作用，这些内容的真实性，对于人们理解尚未熟悉的民主政治的运作，具有很好的参考作用。

　　除此之外，其实另有各种有关政治制度运作的信息传到了日本。例如，西洋各国之间的外交交涉、英国的税收情况、保险制度等等。总之，在各个不同的侧面展示了资本主义的国家形象。由于篇幅的关系，在此省略不谈。

### 对一夫多妻制的批判——西洋文化概貌及其背后的精神风土

《海国图志》以后的汉译洋书主要对世界各国的国情进行了解说。虽然也介绍了各民族的习俗，但在很多场合只停留于说明其特性，而忽略了与近代国家形态相关的西洋文化信息。

　　而且，这些汉译洋书几乎没有记载过作为文化根基的西洋精神风土。在这种状况下，一系列的中文杂志不仅相当积极地介绍了这些稍微抽象的西洋情况，同时，把隐藏在其背后的价值观屡屡编织在报道中，强调其优良的一面。

---

① 《六合丛谈》卷五。

天生男女,似属参差不齐。然有一家生数男者,必有一家生
数女者。故总计之数常相埒。此盖天造人之意也。一男必配一
女,自有天然之佳偶也。中华有买妾之例,甚至一人兼数妻者。
岂知若己多一妻,即人少一妻矣。此则何异于夺人之妻、奸人之
妻乎?(中略)

予闻金华之人,非惟多娶妻妾,且有溺女之风,以致男多女
少。故百人中无室者约有三十人。夫人若无室,则出入无所检
束,其不至为非作恶者能有几何!俗语云游头光棍,此其意也。

这是刊登在《中外新报》第三期的一篇名为《夫妇说》的文章。[①] 在这
里,作者猛烈抨击了中国一夫多妻制的弊病。此时作者所依据的并且
当作招牌放在前面的,无疑是基督教的一夫一妻制这一由近代欧洲
"理性"精神产生的价值观。

在此意义上,对一夫多妻制的批判只不过是一个突破口,作者的
最终目的也许是宣扬近代"理性"精神。

**人道主义的强调**　不知道传教士们是否有意作了编排,实际上,
宣传这些近代"精神"的报道刊登了很多,这些报道好像在修正以往偏
向于介绍政治制度的情况,由此来制作另一种不同的"西洋形象":

欧洲列邦与俄血战之时,英有一大家女奈丁该勒,亲往军前,
扶伤医病,加意调治。诸伤病者日有起色,获益匪浅。事竣女归,
英人咸称美之。乃集同人,发心捐银酬谢。此女不贪宝,以此项

---

① 《中外新报》第三号,《日本初期报纸全集》第一卷。

　　立一善堂，募诸妇人，调治病者。近始计登簿银，凡十七万六千一
　　百五十六两，其五分之一为军中之将士所捐。①

　　众所周知，南丁格尔是今天红十字会的奠基人。在这里介绍她，也就
是介绍近代欧洲的"人道主义"，就是宣传它所体现的近代精神。

　　当然，这个报道极为简略，也许不能完全读出其中包含的深义。
但是，在蔓延着西洋人重"利"不知"义"这一认识的当时，南丁格尔的
形象是一个极富效果的宣传材料，它显示了西洋人并不是野蛮的殖民
者，而是感动人心的"人道主义"的主人。

　　除此之外，在中文杂志中还有许多报道，例如，在英国议会中展开
的关于犹太人参政权的议论（《六合丛谈》卷十）、为贫困儿童设立"拭
履局"（擦鞋公司）来帮助他们自立之类的伦敦福利状况（《六合丛谈》
卷十三）、盎格鲁撒克逊民族的尊重妇女的习惯（《中外杂志》第四号）、
为因美国南北战争而大量失业的英国纺织工人募集义捐金（《中外杂
志》第五号）等，类似的例子举不胜举。正是通过这些杂志所介绍的大
量西洋信息，日本才慢慢地真正认识了西洋文化的价值。

　　这些中文杂志还介绍了西洋各国的具体文化设施。例如，巴黎图
书馆、伦敦音乐厅、动物园等等。不过，有许多只是简略地介绍，对于
当时还没有那些概念的人们来说，也许难以理解这些设施的实态。

　　**伦敦博览会报道——西洋各国的产业、贸易情况**　19 世纪前半
叶，继英国之后，欧洲各国进入了产业革命时期。在这个时期，资本主
义生产方式稳步进展，随之而来的是城市化的快速发展，自由贸易体

---

① 《六合丛谈》卷九。

系也逐步形成。关于欧洲各国产业方面的各种动向,虽然在以往的历史和地理书中并非全无介绍,但其绝对数量很少,且基本上没有反映出时代发展的状况。

相比较而言,50年代出现的中文杂志都是月刊,它们从一开始便及时地传播这些信息,介绍以往鲜为人知的产业和交通革命的众多成果。

例如,关于象征着动力革命的蒸汽机,继在前述的墨海书馆进行实际演示后,传教士们为了更广泛地宣传其"奇器致用之功",把篇幅很长的蒸汽机原理解说刊登在《中外杂志》(第五号)上,非常详细地宣传蒸汽机的"精巧细微之法"。

有关交通领域的各种信息实际上源源不断地刊登在这些中文杂志上,例如,介绍"铁路狂时代"最后时期的世界各地铁路建设情况、用蒸汽船开设新航路的状况、以英美海底电缆为首的各国间电信的开通情况等。说得极端一点,这种热闹的场面与今天的杂志封面很相似。

在如此众多的产业信息中,最具"冲击性"的,当数关于第二届伦敦万国博览会的报道,特别是幕府使节团参加了那次盛会,引起了当时读者的极大兴趣。下面试引用其中的一部分:

前英国于咸丰元年建一极大之玻璃房间,用铁木为之。内设各国奇巧工致之物,并古玩及日用大小一切之物之精妙者,以备人观。故见者无不喜悦。后于咸丰十一年又建一所,较前更大,至本年二月始竣工。四月初三日,国中之官长及素具名望之人咸集于内,其外各国亦遣使来贺成。最所罕见者,东洋之钦差也。(中略)

　　各物在其中者次序井井，俱归执守。究其物之所来，系从本国与各国中会叙而成。物分三大等，第一为制造各物之料，第二为制造各物之具，第三为已成之各物。（中略）

　　凡物之有益人世者无不美备，故见者云叹为观止。①

由于这篇文章很长，故中间省略。其实，在这里被分成三大部门的展览品进一步被细分为"地里的产物""药品""食物"等三十六个门类，并分别加以简单的解说。在这些门类中，包括"铸造火轮车的工具"和"传信的电铁线"在内的用当时最先进的技术制造的产品，虽然用简单的说明未必能使人理解，却能使人们了解这个时代的欧美正在发展的产业的一个侧面。

文章里没有提及，其实，世界各国约二万九千家企业参加了第二届伦敦万国博览会，据说，它比第一届伦敦万国博览会（1851 年）和巴黎万国博览会（1855 年）展出了更多的欧美各国产业化的成果。

文章中所指的"东洋钦差"正是幕府使节团。这个使节团的真正面目是于万国博览会开幕前一天到达伦敦的竹内保德外交长官率领的遣欧使节团，他们似乎受到了热烈欢迎。使节团成员身上穿着和服裤裙，头上盘着发髻，这种异国情调的装束肯定引起了万国博览会会场的轰动。

这个使节团中有一个名叫福泽谕吉的翻译，他用完全不同的眼光观察这届博览会，"每天入场者四五万人，现今欧罗巴诸州的王侯贵人

---

① 《中外杂志》第一号，《日本初期报纸全集》第二卷。

富商大贾几乎无人不来展览场参观"，①对博览会的盛况表示了极大的
兴趣。

**"文明利器"的冲击**　这样，伦敦万国博览会真是一次强调产业革命成果的展示会。当然，传教士们对产业化带来的欧美各国的繁荣状况所作的介绍还有很多，因此，这些报导在某种意义上是一个个"展览场"，从各个领域向人们展示了新确立的资本主义生产方式的威力。

例如，产业革命的结果使城市功能大大发展，《中外杂志》对城市人口快速增加的 19 世纪 50 年代的伦敦作了如下介绍：

> 伦敦非特地方大，所居之房屋更极高敞。各方之人无不知此富饶之区。商客之往来亦最繁盛，各国之人俱至其处。其地约长四十里，阔二十里，其间之路，较中国阔数倍，以便车马之常出入也。（中略）
>
> 纪元一千八百五十七年后，伦敦除空房外，有人居住者约三十万五千九百三十三所，人丁在册约计三百万。（中略）
>
> 一千八百五十五年，伦敦之船有七百五十。总计英国船之进口者约一岁有二万，不计其余别国至者。故生意极为繁盛。出口之货每岁约银七千七百万八百九十八千两，所收之关税约四千万两。其货至各处者，或中国或印度或南或北，无有不至之国。（中略）
>
> 伦敦有大银行，办事者八百人多，其年俸约六十万两。有极大之信局，一千八百五十五年，一年中约有信四千五百万。一千

---

① ［日］福泽谕吉：《西航记》，《福泽谕吉全集》第十九卷，岩波书店，1962 年。

八百五十七年，有报纸四百六十万。（中略）伦敦所出之物极工极
巧。故钟表为天下之冠，马车亦为天下之冠。其地之长虽相去四
十里而有火轮车往来，故立时便至。①

这可以算作那个时候的伦敦指南，故在此引用得较多。

这篇文章用数字显示了当时被称为"世界工场"的英国发达的产
业状况。其规模之大，也许令当时的人们大为震惊。不光是数字，另
外还有银行、"信局"（邮局）、报纸、"钟表"、马车、"火轮车"（火车）等 19
世纪文明利器，这些"西洋事物"带来的"冲击"，也同样改变了人们以
往对城市的认识。

**隐藏在背后的意图**　此前，我们用很多篇幅考察了传教士编辑的
四种中文杂志。在分了四个项目探讨它们的内容后，不禁惊叹于一系
列杂志传播了如此丰富的信息及其带给人们的巨大"冲击"。

在这里，姑且不论传教士在多大程度上是有意安排的，但还是能
使人感觉到他们隐藏着共同的"意图"：无论如何都要改变中国读者心
中原有的"中华秩序"，使他们接受以西洋各国为楷模的"近代国家"
体制。

当然，19 世纪前半叶，英国产业革命和法国革命证明了"国民国
家"体制的优越性，在世界范围内兴起了向这种"国家"靠拢的潮流。
尽管如此，这一系列杂志的传播方式还是显得过于固执和周到。

这里以《六合丛谈》第二期的主要报道为例，看一看传教士们是如
何沉迷于这种报道的：

---

① 《英国城说·伦敦》，《中外杂志》第一期。

卷之二

地理

海外异人传　该撒

华英通商事略　明末清初之中英贸易史

泰西近事述略

　　○ 英首相视察访问纺织之城曼彻斯特，激励工人之言语

　　○ 英国为敷设英美间海底电缆而诞生新电机公司

　　○ 俄国皇帝敕令建设全国铁道网，设立新公司

　　○ 澳大利亚公布金产量、出口量

　　○ 希腊民政大臣发表国政报告书，报告议会选举、司法、财政、教育等现状

　　○ 合众国大总统选举之续报，目前布坎南氏领先，其诺言中包含横贯大陆铁道之建设

　　○ 加拿大新完成"二千四百八十里"之铁道，蒙特利尔举行庆祝游行

印度近事　驻印度英军参加英国·伊朗战争之状况

粤东近事　中·英军之广州攻防战速报

杂记

　　○ 慕维廉著《大英国志》之内容介绍

　　○ 艾约瑟著《中西通书》之概要

　　○ 法科学者托马斯氏发明之新型计算机之效能介绍

乍一看是很凌乱的报道。但是，仔细读过后，发觉其内容确实与所谓的近代国家、政府的存在方式有关，且报告了各个领域的相关

情况。

**传教士版《劝学篇》**　如果在今天,这些信息大概每天都会在报纸上出现,并无特别的意义。但是,对于只知道传统中华秩序和幕藩体制的当时中国与日本的知识分子来说,它们是关系到形成新的国家观和政府观的"冲击性"知识。如果这样的内容在每期上被"报道",那么,可以想象,必然会起到一种宣传近代国家"模式"的作用。

现在,传教士们也非常明确,要认真地奉劝人们学习西洋近代化的"经验":

> 国之强盛由民,民之强盛由心,心之强盛由格物穷理。(中略)吾观中国人之智慧不下西土,然制造平庸,未能出奇斗胜,是不肯用心也,民之为上者未能以格致之学鼓励之耳。我西国百年之前亦如中国人,但读古人之书,未肯用心探索物理。故此等奇器一切未有。百年来,人皆用心格致,偶得一理,即用法试验之,而农者用心造农器,工者用心造制造之器。故人智日胜一日,器巧日胜一日,至今精进未已。讲学者愈多,其智愈深。每月必有新理出,刊入报纸以流传。
>
> 此学日上,未知底之所止。而中人仍以有用之心思埋没于无用之八股。稍有志者,但知从事诗古文,矜才使气,空言无补。一旦舍彼就此,人人用心格致,取西国已知之理,用为前导,精益求精,如此则名理日出,准之制器尚象,以足国强兵,其益非浅鲜哉。①

————————

① 《格物穷理论》,《六合丛谈》卷六。

　　"格物穷理"原本是科学或科学知识的意思。从这里可以看出,这篇文章的主要目的是劝人们崇尚科学。但是,也许是对中国官宪有所顾忌,所以不得不只限定于"格致之学",实际上是在劝人们采用更多的"西国已知之理"。

　　实现"国之强盛",仅靠"格致之学"还是不够的,这一点,传教士们比谁都清楚。在此意义上,这里所谓的"格物穷理",到底只不过是一个突破口,在他们的视野中,经常涵盖着提倡"格致之学"的国家制度,甚至是在其背后的"精神"。这篇文章还提到了西洋"君长"(领导人)对科学的奖励及专利制度,并大力提倡引进报纸系统。这表明,他们的热心并非只停留在科学知识层面。

　　这样,这种"格物穷理论",与前述的一系列有关近代国家的"报道"是一致的,两者一起传达了传教士们的"意图"。这甚至可以被视作一种传教士版的"劝学篇",在幕末的启蒙意义上,至少在先驱性这一点上绝不亚于后来福泽谕吉的《劝学篇》,这样说并不过分。

## 三、促使日本开国的两个"上海人"

　　**近代资本主义的"样本"**　　以上,我们主要考察了以传教士的汉译洋书特别是其中的一系列杂志为中心的"上海信息网络"。但是,这个对日本的开国作出极大贡献的"信息网络",并非仅靠书籍的流通而形成。其实,一些人的活动也对"上海信息网络"的形成作出了很大贡献,虽然不如书籍的影响那么大。

　　这些人当中,有随台风漂流而在香港、上海等地被各种"西洋体验"所吸引的一部分漂流民,也有期待着日本开国、在长崎开港后不久便把活动据点移到长崎的富有冒险心的西洋人。前者以因"莫理逊"号事件（1837 年）出名的"日本音吉"为代表，后者则以因长崎哥拉巴豪邸为日本人熟知的托马斯·哥拉巴为代表。

在某种意义上，他们作为活生生的"西洋"，或留在上海，或到达长崎与日本进行"交涉"，在各种局面下促成了日本的开国，并为日本近代化的启动作出了贡献。

作为列强军舰造访日本时的翻译，这两个人自愿地担当了中间人的角色，或者说，他们用自己的行动向日本展现近代资本主义的"样本"。甚至可以认为，他们的活动本身仿佛与书籍的传播呈平行关系，共同支撑着以上海为中心的信息和贸易网络。

**永远的"漂流民"**　下面，简单地介绍一下这两个半吊子"上海人"与日本的关系。

差不多与前述的汉译洋书通过以上海为中心的交通网络陆续舶来日本同时，在离信息发源地墨海书馆不到一公里的外滩，有一个日本人以"商会事务员"的身份就职于英国大牌商社宝顺洋行（颠地商会），他就是那个被称为"日本音吉"的人。

作为"莫理逊"号事件的当事人之一，虽然后来幕府也知道此人，但他毕生背负着漂流民的宿命，最终没有选择回国之路。他仿佛变成了一个"西洋人"，一边旁观着临近"开国"的日本，一边站在了西洋与日本交涉的最前线。

在某种意义上，没有比这个音吉更现实地象征着当时"上海信息网络"与日本之间的关系，而且，他的漂流足迹，特别是把活动据点转移到上海之后，他的活动本身可以说已经成为日本开国的故事之一。

天保三年（1832 年 12 月），音吉等十七人乘坐的尾张驳船"宝顺丸"在远州滩遭遇了暴风雨,漂流在太平洋上。他们在海上漂流了"十四个月"后,大约在 1834 年的 2 月他们漂到了美国西海岸,但这十七个人当中只有最年轻的音吉、岩吉和久吉三个人幸存下来。

一开始,他们被当地人囚禁起来,幸运的是,他们被哈德逊湾公司救了出来。此后,他们被该公司的船带到了伦敦,并在漂流后大约三年后的 1835 年 12 月,被送到了当时唯一的回国必经之路——中国澳门。

在澳门,音吉等三人受到了前述的郭实腊的帮助,他们教郭实腊日文,一边帮他把《新约圣书》译成日文,一边等待着回到日本。

在此期间,1837 年 3 月,大约在一年半前漂流到菲律宾吕宋岛的九州出身的原田庄藏、寿山郎、熊太郎、力松四人也被西班牙船只送到了澳门。他们没有想到能在郭实腊家中见到了音吉等人。

后世所称的"莫理逊"号事件是指:天保八年(1837 年 7 月),以送还在澳门会合的这七个漂流民为借口,美国商船"莫理逊"号试图与日本进行"交涉"。但由于当时幕府奉行的是"外国船只驱逐令",因此,"莫理逊"号在浦贺、鹿儿岛遭到幕府的炮击,最终不得不断绝"交涉"的念头。回国的企图失败后,他们恋恋不舍地回到了澳门。此后,他们只能作为永远的"漂流民",在异国他乡找寻着各自的生存之道。

**七人后来的命运** 这七个不得不在澳门自谋生路的人之中,尾张的岩吉和久吉为帮助郭实腊把《新约圣书》译成日文,继续留在他身边。这两个人后来在郭实腊的帮助下当上了英国贸易监督厅的翻译,鸦片战争爆发后,他们随郭实腊在英国占领下的舟山工作过一段时间。此后,岩吉似乎于 1852 年溘然长逝,久吉则于 1863 年在福州住过一阵子,但这些都是不实的消息。

九州的庄藏等四人中的三人追随了韦廉臣，他是"莫理逊"号事件的当事人之一，后来作为日文翻译随佩里舰队来航。如前所述，韦廉臣当时在澳门编辑《中国丛报》之余，还接管了美国海外传教会印刷所的经营。他帮助庄藏他们，也许是为了向他们学习日文。

但是，三人之中，熊太郎和寿三郎似乎很早就去世了，只有庄藏还活着，自立开了一家裁缝店。他后来在香港一面帮助日本漂流民回国，一面健康地生活着，至少活到 1855 年，这是可以肯定的。

最后剩下的是最年轻的来自尾张的音吉和来自九州的力松两人，其中，音吉曾经到美国住了一阵子，于 19 世纪 40 年代初回到中国，大约在这个时候，颠地商会进入中国，1844 年左右，音吉移居到这个"新天地"。

力松在短暂渡美后，也许在韦廉臣的帮助下，在澳门接受了学校教育，于 1845 年随韦廉臣暂时回到日本，并在他的保护下离开日本。此后，1855 年他供职于香港的某报社或印刷所，这一点是可以肯定的。

**"向导"**　关于移居到上海后的音吉，很遗憾，没有留下记录其活动的第一手材料。因此，几乎不可能知道他在上海的具体活动。但所幸的是，由于他在英国与幕府的重要交涉中数次充当了翻译的角色，因此可以间接地从这些记录中窥见他后来的少许情况。

音吉于"莫理逊"号事件后首次回到日本，是在 1849 年 5 月 29 日。作为以测量江户湾和下田湾为目的来日的英国军舰"水手"号的翻译，此时，他自称是中国人，化名林阿多。对于浦贺官员的提问，他自称是中国上海人，这次是受雇于英国来访日本的。

但是，直到 6 月 7 日"水手"号离开日本，他们被幕府方面强行拒绝上岸，最后，两者之间没有达成像样的交涉。这样，作为翻译的音吉,除了被记录了一些体貌特征,没有任何其他记录。

不过,在此短暂的交涉期间,音吉似乎始终对自己站在列强与日本之间的中间立场很敏感,而且,可以看出,他在说话的时候屡次竭力辩明自己是"向导"的身份。这些言行反过来表明了这个从上海过来的"日本人"在一系列"交涉"中的独特立场及其重要性。

**"轻视日本"**①　1854 年 9 月,音吉随英国远东舰队一度来到了日本长崎。由圣·詹姆斯·斯塔林司令官率领的远东舰队来到日本的目的是为了打探克里米亚战争交战国俄国布察津舰队的动静以及试图使日本在这场战争中保持中立。但由于幕府方面的误解,两国的交涉不知不觉地变成了通商开国的谈判,最终两国缔结了《日英和亲条约》。

作为翻译参与双方谈判全过程的,正是临时从上海雇佣来的音吉。这次,他亲自挑明了自己的出身,而且在"翻译官"的立场上,最后自觉地站在了"英国一边"。

例如,对于幕府官吏的提问,他回答自己是"尾州名护屋里町茂右卫门","莫理逊"号事件后,曾到过美国和其他地方,在中国受雇于"英国洋行"已达十年。在幕府官吏劝他回国的时候,他说,"妻子和儿女在上海,还是在英国旗的保护下为好"。断然拒绝了他们的劝说。

音吉的这种毅然态度无疑给日本方面带来了强烈的不信任感,还留给幕府官吏"极度藐视日本""虽然是日本人但维护外国人的利益"等印象。但是,对于这些"评判",他一反上一次的态度,始终泰然处

---

① 　［日］春名彻:《日本音吉漂流记》,晶文社,1979 年。另外,关于音吉及其朋友的其他在华活动,可从春名彻先生的一系列著作中获得很多知识。

之，也没有辩解自己只是一个"向导"。

**报恩**　音吉的这种充满自信的态度，毋庸置疑，主要来自在"英国洋行"工作十年所获得的"国际感觉"。但另一方面，可以看出，他对自己在以上海为中心的"信息网络"中的作用开始有了明确的认识。虽然只是临时受雇，但在他心中也许已产生了无论如何也要把自己的祖国日本引入这个唯一能够接触"西洋"的网络之中的意识。

在此意义上，音吉的那些被视作西洋人"爪牙"的毅然言行，也许可以被认为是一个在东亚形成的近代网络内部获得了自己的"存在价值"的最先离开"日本"的先驱者的言行，也可被认为是一个拒绝回国、不得不毕生"漂流"在异国的漂流民对祖国有意识地"报恩"。

另外，这种自觉也体现在居住于香港的力松的身上。他作为爱里奥特司令率领的英国游击舰队以及《日英和亲条约》批准书交换时斯塔林舰队的翻译，来到了日本的箱馆和长崎，他的言行有着与音吉相同的"任性"和自信，这一点是毫无疑问的。

**在上海修学"远东贸易"的哥拉巴**　在音吉作为"商会事务员"供职于颠地商会、盼望着日本开国的同一时期，另外一家坐落于外滩的英国大牌洋行——怡和洋行内，有一位与音吉有着相同身份的英国青年，在该洋行从事着贸易业务。他就是后来作为军火商人在日本极其出名的托马斯·哥拉巴。

图十六　托马斯·哥拉巴

哥拉巴怀着"海外雄飞"的梦想离开故乡苏格兰后,1858 年 5 月或 6 月来到了远东之地上海,此时他年仅十九岁。哥拉巴一开始进入了当时上海规模最大的贸易公司——怡和洋行,在那里学到了"远东贸易"的初步知识。

怡和洋行最初由苏格兰地方商人威廉姆·查甸和詹姆斯·马赛臣两人于 1832 年设立在广州,以印度—中国之间的鸦片贸易和茶贸易为主要业务。

鸦片战争后,怡和洋行首先把据点安置在香港,但上海决定开埠不久,便立即在当地开设了分行,一面继续以往的商品交易,一面将其业务扩大到造船、纺织、运输、保险等生产、流通、服务部门,一度被称为"洋行之王"。它是整个 19 世纪英国资本在上海乃至中国的代表。

在怡和洋行上海分行,哥拉巴大约有两年时间从事抄写"通信信件"和制作"船货证券"等大牌洋行规定的日常业务。但是,从他后来开展事业的状况来看,在此期间,他并非只是安分守己地积累贸易公司的一般业务经验,也许还深刻体会到怡和洋行的经营方针乃至"事业精神"的真谛。

**走向"新市场"** 关于哥拉巴在上海时期的具体活动,很遗憾,至今尚未发现记录材料。但是,此时他已经充分发挥了"远东贸易商人"的天性,几乎可以肯定,他的业绩在洋行内受到了极高的评价。如果不是这样,怡和洋行不太可能把这位年仅二十岁(1859 年)的小伙子作为洋行代理人派往长崎(开始是代理人助理)去开拓"新市场"。

来到日本后的哥拉巴,在某种意义上继续肩负着"上海"这一背景。例如,1861 年,他成为独立贸易商之后,依然接受怡和洋行上海分行的大额融资。此外,他向幕府和各藩出口舰船及武器等交易,几乎是在怡和洋行上海分行或其他在上海的洋行之间进行的。

　　他虽然把据点安置在日本，但绝没有忘记上海这个“舞台”。在来到日本的第五年即 1864 年，他不仅在上海设立了名为“加罗花”的哥拉巴洋行上海分行，而且，通过对该分行的经营，使其实力超过了联合轮船公司，势头直逼几乎垄断当时长江航线的旗昌洋行的轮船公司。

　　使我们更清楚地感受到他身上的上海“影子”的，是他那“远东贸易”的手段。例如，他不光出口舰船和武器，还向萨摩藩融资、代理汇丰银行、管理不动产、参与保险业务、收购码头、参与开发高岛煤矿等事业，给人的印象是在“模仿”上海各洋行，尤其是怡和洋行上海分行。可以说，他的洋行是怡和洋行的“缩小版”。可见，对于哥拉巴来说，上海时代的“记忆”格外深刻。

　　不管怎样，大概在 19 世纪后半期，以上海为中心形成的“远东贸易”网络被扩展到长崎乃至日本。哥拉巴在这些领域的活跃表现，为坂本龙马等人组成的“海援队”的活动提供了一种“商社”模式。另外，比任何事情更直接地左右幕末日本命运的，莫过于哥拉巴通过上海将大量武器贩卖到萨摩、长州两藩这件事。在此意义上，这个在上海“修学”的年轻商人来到日本及其后来的活动，可以视为幕末日本的一件“大事”。

## 第四章　被"浪漫"挑逗的明治人

## 一、"近代"产生的魔都——茶馆·妓馆·烟馆

**破坏装置**　至此,我们花了三章的篇幅考察了幕末日本与上海的关系,也就是上海对于作为"国民国家"的近代日本的形成究竟起了什么作用这一问题。

但是,在明治国家成立后,幕末时期给日本传来各种"近代国家"信息的上海,对于日本的意义完全倒了过来。

对于直接从西洋"引进"近代各项制度、建立以天皇为中心的"国民国家"的明治日本来说,上海不仅失去了"中转地"的作用,而且由于它具有太多的"身份",反而成了日本敬而远之的对象。但是,这个不属于任何国家、完全超越了特定的"民族主义"的地方,对于那些深感"国家"束缚的个人具有极大的魅力。

从近代国家体制日趋牢固的"闭塞"的日本来看,此时的上海无疑是寄托"浪漫"的对象,是一块实现"冒险"之梦的绝好土地。

在此意义上,除政治、经济等领域,19世纪70年代以后的上海,对于作为"国家"的日本而言,并不是一个很重要的地方。但是,对于众多梦想"脱离日本"的日本人来说,这个混沌的都市简直是距离最近的

"避难所"，而且是距离最近的"乐园"。

因此，我们将用三章的篇幅来考察上海对于近代日本尤其是近代日本人的意义。在此之前，为了把握 19 世纪后半叶上海的实际情况，先简单地回顾一下这个"近代都市"的形成过程。

**华洋分居**　如前所述，1845 年，在上海的北郊，诞生了另一个"上海"（租界）。那一年，是上海被迫开埠后的第三年。该年 11 月，当时的上海道台（地方长官）宫慕久与首任英国领事巴富尔经过多次协商后，颁布了第一次《土地章程》，规定清政府将沿黄浦江周围约 0.5 平方公里的土地租借给英国作为英国商人的居留地。这原本是英国方面的要求，但是，从《土地章程》所规定的"华洋分居"等条文可以看出，这实质上是中国方面想要限制外国人活动范围的一种"隔离政策"。英租界设立后，1848 年和 1849 年，美租界和法租界相继设立在英租界的北边界——吴淞江对岸的虹口一带和英租界南边界洋泾浜的对岸。这三个先后设立的租界，成了上海"近代城市"的雏形。

起初租界虽然拥有一定自治权，但在"华洋分居"的原则下，根本上还是处于中国方面的管辖之下。然而，在不到十年的时间内，租界很快地变换了它的性质。原因之一是，1853 年 9 月，上海爆发了小刀会的武装起义，农民军占领上海县城达一年半之久，因此产生了大量的难民，他们之中的很多人逃到毗邻的三个租界之中。

由于这个突然的事件，原来"华洋分居"的原则彻底崩溃了。此后，中国方面和租界方面都只能接受所谓"华洋杂居"的现实。1854 年 7 月，当时的英国领事阿礼国以应付新的局面为由，与美、法领事进行协商，采取先斩后奏的形式，单方面修改了原来的《土地章程》，公布了第二次《土地章程》。

图十七  工部局

在第二次《土地章程》之中，包含了确定 1848 年协议的英租界新边界、默许中国人在租界内居住、设置"巡捕"（警察）等内容。但是，最重要的项目，则是由三国领事召集相当于市议会的"租主"（租地人）会议、设置工部局作为执行机关这两项。特别是工部局，几乎被赋予了"市政府"的机能。工部局成立之后，租界几乎脱离了中国政府的管辖，开始了"自治"的进程。只有在修改章程时，中国官方才能染指，"在三国领事与道台协议的基础上，报告三国公使及两江总督，批准后方可实行"，[①]除此之外，中国的主权完全被忽视了。

**从军队到财政**  但是，赋予工部局独立行政权的这个第二次《土地章程》，由于条文稍显简略，留下了一些含糊不清的部分。特别是关于其"权力"的根据，几乎不作说明，给以后的运作带来一定的障碍。再加上 19 世纪 60 年代初发生了因太平天国起义致使大量难民涌入租界的事态，租界当局于 1869 年 9 月又一次修改章程，公布了所谓的第三次《土地章程》。

---

① 蒯世勋等编著：《上海公共租界史稿》，上海人民出版社，1980 年。

在这个新的《土地章程》中，首先把原来的租地人会议扩大为纳税外人会议，赋予审议租界预算、选举工部局董事会的权限，使之完全拥有市议会的功能。同时，选举权也从一部分租地人扩展到"所执产业地价计五百两以上"或房屋"每年租金计五百两以上"的纳税人，给更多的人以参政权。

**图十八　由义勇兵组成的万国商团**

其次，进一步加强工部局原先的权限，将各种权限分担给各委员会，赋予工部局作为市政府的所有机能。例如，在工部局之下，设置警务处、火政处（消防署）、卫生处、教育处、财务处等与市政有关的机构，形成了一套完整的行政系统。其中，万国商团原本是为防备小刀会和太平天国进攻上海而组织的义勇队，它的性质与军队几乎没有什么不同。

**颠倒的关系**　第三次《土地章程》公布之前，工部局还出台了另一项重要的"章程"，这就是同年4月公布的围绕居住在租界内中国人审判权的司法规定——《洋泾浜设官会审章程》。

根据这个《会审章程》，所有与居住在租界内中国人有关的案件，由上海道台派遣的"同知"（法官）在设置于租界的"公审公廨"（法院）内进行审理。但是，在当事人一方为外国人或外国人雇佣的中国人时，必须和领事或领事认可的陪审官一起审理。另外，如果被告不服判决，可以向上海道台和领事官上诉。虽然在表面上中国方面维持着审理的主导权，但在实际的审判中，主从关系往往被颠倒过来，在很多情况下，决定权掌握在拥有更多审判权的领事手中。

这样，虽然在司法领域存在着少许问题，但是，作为"近代国家"基础的立法、行政、司法三权分立的体制，大致上形成了完整的形态。

然而，作为"近代国家"的"上海"（租界），其存在的"根据"——《土地章程》，直到最后也没有得到清朝政府的正式"批准"。它完全无视所有国中国的主权，从国际法的角度来看，其存续的必然性非常值得怀疑。

**两张面孔** 租界这种与国际法相悖的存在，经常遭到人们的批判。但是，另一方面，上海这块土地并不是某个特定国家的东亚殖民地，它是在一定的"自治"下设立的半"近代国家"性质的城市，这一点是毫无疑问的。它不仅给中国国内，而且在某一时期也给日本和韩国带来了巨大影响。

另外，在这种三权分立的近代制度扎根于"上海"（租界）的 19 世纪 60 年代后半期，大约拥有五百年以上历史的另一个"上海"（县城），正如"租界日盛，南市（城内）日衰"[1]这句话所说的那样，不知不觉地把

---

① 吴馨等修纂：《上海县续志》卷二，1918 年。

原来主角的位置让给了租界,最后完全沦为租界的"附属品"。

后来,在很多场合,人们提到"上海"时,必定同时包含了"新"与"旧"、"近代"与"传统"这两张面孔。这个以租界为中心的不可思议的混合体,常常给人们对这块土地的想法带来决定性的影响。

**从外滩走向近代**　以上我们主要以政治制度为中心考察了作为"近代城市"的上海。但是,在与实施这种具有半殖民地性质的近代政治制度差不多同一时期,上海在其他领域也开始迎接"近代"的到来。

**图十九　19 世纪 60 年代的南市**

例如,因海运业的发达而形成的交通网络、19 世纪 60 年代初期兴起大规模投资浪潮后不久便陷入萧条的"近代"金融体制,都可视作上海正在步入近代化的事例。另外,洋务运动过程中,李鸿章等改革派官僚推动的以江南制造局为首的一系列军工产业和民间产业也得到了很大发展。

其中,上海城市基础设施的建设达到了惊人的程度,到 19 世纪 70 年代中期,俨然呈现出"近代"城市的风貌。下面,以当时人们的一些记录为线索,窥探一下当时上海的繁荣景象。

正如过去人们常说的那样,近代上海的形成是从沿黄浦江的外滩(Bund)开始的。Bund 原本是印地语,意为筑堤。但到了 19 世纪,在英国人的殖民经营渗透东亚的过程中,Bund 特指那些"港湾居留地特有的沿岸空间"。[①]

如果从当时海运中心的地位来看,外滩是各港湾城市的轴线,从这里,所有的经营事业得以展开。当然,在这一点上,上海也不例外。根据 1845 年英国领事与上海道台签署的第一次《土地章程》,租界最初的基础设施事业是从修补原本被称作"纤道"的"沿浦大路"开始的。另外,在与外滩相垂直的方向上,沿东西方向修筑了四条平行的"出浦大路"(现在的北京东路、北京西路、南京路、九江路、汉口路),这样便成了日后上海的雏形。

大约在三十年后的 19 世纪 70 年代后半期,在位于外滩最北端的英国领事馆和最南端的法国领事馆之间,林立着怡和洋行、大英轮船公司(P&O)、丽如银行(东方银行)、旗昌洋行、汇丰银行(香港上海银行)、法兰西银行等十八个商馆[②]及其他设施,这些建筑崭露了近代上海的"伟容"。

租界中不仅建造了商馆,在商馆前面的沿江大道上还建有散步用的步行道。另外,在外滩最北端的英国领事馆附近,工部局于 1868 年

---

① ［日］藤原惠洋:《上海——疾驰的近代都市》,讲谈社现代新书,1988 年。

② 葛元煦:《沪游杂记》,上海古籍出版社,1989 年。

筹建了一座公园,沿江步行道穿过园内,它就是后来以"华人与狗不准入内"闻名的"公家花园"。

图二十　公家花园

这样,外滩简直代表了上海的"近代",形成了以贸易和金融为中心的各种资本主义生产活动的据点。如果把外滩比作租界上海的大门,那么,位于租界空间最里面的跑马场则可算作是它的"内庭"。1850年首次建造的跑马场兼有花园的功能,无疑,与外滩相反,这个空间是人们头脑中享受余暇的场所。

图二十一　跑马场

"生产"与"享乐"相对称的结构在亚洲其他殖民地港口并不少见。但是,这个事实从不同角度显现了上海作为一个"近代城市"所具有的性格。

**大马路南京路** 为使人们更了解这一时期上海的"繁盛"状况,除外滩,还有一个场所必须提到,那就是从外滩到跑马场之间的南京路(大马路)。原先的南京路,在租界设立之初只不过是一条五百米左右的无名乡间小道。1850 年,最初的跑马场建成后,这条路被称作派克(Park)路,意为到达跑马场之路,后来又被称作花园路。

图二十二　19 世纪 70 年代的南京路

1854 年,随着跑马场的西迁,花园路被稍稍延长了一些,路面也被拓展为六米,并铺上瓦片。1862 年,随着跑马场的第二次迁移,这条路进一步往西延伸,路面铺上了花岗石,以取代最初的瓦片。三年后,在工部局的政令下,花园路与其他所有的干线道路一起被正式命名,称为南京路。

　　大约在第二次延长工程完成之时，南京路逐渐占据了租界东西向主干道的地位。据葛元煦《沪游杂记》（1876 年）记载，1876 年，南京路上已林立了老德记药房、福利洋行、公道洋行、泰兴洋行、兆丰洋行等八个商馆以及其他众多的"丝号"（丝绸店）和"洋货"（洋布尼绒和平织棉布）店。

　　由于这里集中的实际上都是些营业商店，因此，作为一个消费空间，其气氛当然与大贸易洋行和银行林立的外滩有所不同。这里包含了相当多的民族资本，这些店铺所形成的"繁荣"景象，想必与外滩的景象是不同的。

　　**文明开化的共享**　在外滩和南京路等"近代"空间逐步形成的十九世纪六七十年代，上海租界的其他城市设施建设也得到了显著进展。例如，1864 年，租界设立了最早的煤气公司"大英自来火房"，翌年，在南京路点起了煤气灯，并开始向一部分居民供气。

图二十三　煤气路灯

1875 年租界当局建造了净水工厂,供水服务一度用水车来进行。随着 1881 年"上海自来水公司"的成立,租界正式改为由自来水管道供水。

在此期间,1865 年和 1866 年分别设置了工部局书信馆(邮局)和火政处(消防署),1876 年还铺设了上海—吴淞的铁路(但一年后被清朝政府拆除)。

进入 19 世纪 80 年代后,"上海电光公司"等电力公司开始供电,"大北电报公司"等电报公司开始电话业务,上海进一步迈入了"文明开化"的时代。

值得一提的是,这些公共设施的初创时期与日本差不多是同一个时期。例如,东京—大阪—京都的邮局业务始于 1871 年,新桥—横滨的铁路开通于 1872 年,设于横滨的日本最早的煤气灯始于 1872 年,电信中央局的电灯始于 1878 年,公用电话的开通(东京—热海)始于 1889 年,东京市近代自来水的开通始于 1889 年。可见,上海与日本几乎在同一时期共享着"文明开化"。

这种"文明开化"的共享,也许是明治以后日本人渡来上海的背景之一。

**茶馆·妓馆·烟馆——"魔性"的凸显** 然而,十二分地衬托了上海这种华丽的"近代"的外滩,在另一方面却屡屡被称作"伪装的大门"。也就是说,这里所凸显的"近代",究其实只不过是上海的外表"装饰",在其内部展现的"华洋杂居"的混沌现实,才是上海真正的"内容"。的确,制造出上海"魔性"的,就是这个"杂糅"的"内部空间"。

后文将要提及,上海在 20 世纪 20 年代被某日本"不良"作家冠以"魔都"之绰号。此后,这个表示上海是一个由各式各样的"面孔"错综交织而成的空间的词语，曾经被许多人引用，几乎到达了泛滥的境地。甚至可以说，这个被唤起的形象，往往是向往上海的人尤其是日本人心中的形象之一。但是，仔细想来，被称为"魔都"的上海绝非在20世纪以后才开始显现出"魔性"，它的起源可远溯到19世纪70年代。

19世纪70年代，上海以"魔都"的形象所展现的空间，与五十年后一样，是茶馆、妓馆、烟馆等一系列娱乐设施。乍一看它们与这一时期开始萌生的"近代"完全相反，实际上，它们却是所谓的"文明开化"的产物。

这是因为，除烟馆，原本属于"县城"的茶馆和妓馆，脱离了原来传统的规范，开始涌入"租界"这个"近代"系统之内，获得了新的生命力。反过来，"租界"的各种"事物"，除了这些不停追求"新奇"的娱乐空间，几乎找不到"挣脱"自己原来秩序的突破口。

在此意义上，正是这两者的"交叉"，才是上海之所以为上海的背景，也是造成这个"魔都"特性的原因。下面，让我们沿着各种娱乐空间的发展历史，简略地看一看这两者相"交叉"的实态。

**书场·鸦片·娼妓**　茶馆在中国的出现，可远溯到宋代。茶馆，顾名思义，是饮茶的场所。但是，在很长一段时间内，这里也是商人谈生意的场所，又是一般市民的消闲之地。多数茶馆规模较小，除少量的小吃，不存在喝茶以外的服务。开埠前，上海的茶馆几乎集中在沿黄浦江的小东门码头，此后有一阵子集中在县城中心的城隍庙附近。

但是，大约从19世纪70年代开始，随着租界人口的快速增加，这种中国传统的饮食设施逐步开辟了新的天地。例如，在前述葛元煦的《沪游杂记》中，已出现了一洞天、丽水台、松风阁、宝善园、一壶春、渭园、桂芳阁等著名茶馆。而且很明显，这些茶馆与以往的茶馆不同，在商谈、休息功能的基础上增加了各种娱乐空间。

例如,1880 年出现了一品香茶馆,据说,在茶馆内设置了回力球场和保龄球场。① 不光是一品香,在其之后,能够容纳一千人的洋式三层楼茶馆——有阆苑第一楼也在福州路上建成。它的一楼是回力球场,二楼是茶馆,二楼以上的壁窗全部是玻璃窗,营造了极为摩登的氛围。

19 世纪后半期,上海最著名的茶馆当数青莲阁。青莲阁原名华众会,自从在 1884 年创刊的插图报纸《点石斋画报》上以《华众会啜茗品艳》②为题刊登后,它的名字便广为人知。此后,该茶馆迁往别处,改名为青莲阁,一楼设置了"书场"(说书场)。据说,除茶水之,还提供鸦片服务。无数的娼妓群集于此,把来这里听书和吸鸦片的客人当作猎物。借用村松梢风的体验来说,"在宽敞的二楼上,约摸有几千个客人鱼贯而入"。③

图二十四　青莲阁

这样,原本功能单一、规模较小的茶馆,随着进入"租界"这个被殖民统治的"空间",仿佛滚雪球一般,不断地添加各种各样的"装置",形成了一种与以往完全不同的巨大"魔性"场所。这种现象是上海特有的,与青莲阁类似的茶馆在上海随处可见。

**十万多娼妓**　三馆之中,接下来应当提及的是妓馆。关于上海的

①　黄式权:《淞南梦影录》,上海古籍出版社,1989 年。

②　《点石斋画报》,广东人民出版社,1983 年。

③　［日］村松梢风:《魔都》,小西书店,1924 年。

妓馆，有必要简单回顾一下其发达史。中国清代的妓馆，因时代的不同多少有些差异，清朝吸取了明朝"荒淫"亡国的教训，基本上采取了"禁娼"的政策。

不过，这并不意味着当时中国不存在娼妓，特别在远离朝廷的南方，所谓的私娼以半默许的形式暗暗活跃。尽管如此，以上海县城为例，直到 19 世纪初，城内基本上没有妓楼，仅在东门外的港口附近以及西门的清军营地附近有妓馆。

图二十五　妓馆

此后，这些私娼陆续进入城内，不过，她们的客人依然多为那些富有的商人和势力强大的军人，不消说一般百姓，就连稍有地位的"书生"也甭想沾边。

但是，这种传统的娼妓存在方式，在进入与县城相邻的租界之后发生了很大变化。

原因有两个。其一，因太平天国起义，尤其是占领南京之后，大量的娼妓"难民"逃入上海，她们为了谋生，已失去了选择客人的"自由"。其二，当时，英国和法国租界当局无视中国的"禁娼"政策，在各自所辖范围内实施"公娼制度"。

此后，上海的娼妓数量随上海人口一同增加，在 20 世纪 30 年代达到鼎盛，包括私娼在内，据说上升到大约十万人。当时上海人口约三百六十万,其中女性约一百五十万,因此,娼妓占女性人口的十五分之一左右,这在当时大城市中的比率是最高的。

**图二十六 娼妓出行**

上海的娼妓,因客人的阶层和"人种"的不同,总共有十七个种类。她们的名称为:书寓、长三、幺二、花烟间、野鸡等等。其中,长三、幺二是稍微高级的娼妓,相比较而言,花烟间、野鸡是比较下等的娼妓。尤其是野鸡,大半是大街上拉客的女子,人数最多,上海的夜晚简直是由她们装饰而成的。

无论如何,这些娼妓及其所属的妓馆的繁荣,是因租界存在着"近代的"公娼制度而使其成为可能。在此意义上,以娼妓为中心的公娼制度的异常"发达",说明了上述的两个上海之间有着"交叉"与"融合"的一面。而且,这也是为什么她们在两个上海的中间地带——法租界最为集中的原因。

**作为社交场所的鸦片窟** 三馆的最后一馆是烟馆。烟馆是吸食鸦片的场所，俗称鸦片窟。1840 年第一次鸦片战争后，在半默许的状态下，鸦片在中国的进口额逐年增大，基本上由中外商人走私进口。但是，1860 年第二次鸦片战争后，鸦片贸易被承认为合法贸易，鸦片被称作"洋药"，只要交纳进口税，任何人均可无条件贩卖。鸦片合法化以后，原本不多的烟馆迅速增加，到 19 世纪 70 年代后，上海遍布了一千七百多家大小烟馆。

图二十七　烟馆

据说，在 20 世纪初的上海，鸦片店多于米铺，而烟馆则多于饭馆。鸦片吸食者最多时达到十万人，鸦片成瘾者充斥于路旁。

不过，对于鸦片窟，人们一般会联想到那是一个昏暗的场所，但实际上未必如此，据葛元煦的《沪游杂记》记载：

> 上海烟馆甲于天下，铺设雅洁，茗碗灯盘，无不精巧。初惟眠云阁最著……馆内桌椅，多用红木，镶嵌石面。飞去青蚨一二百

片,既可邀朋,又能过瘾。

可见,与茶馆一样,那里还是一个半社交场所。

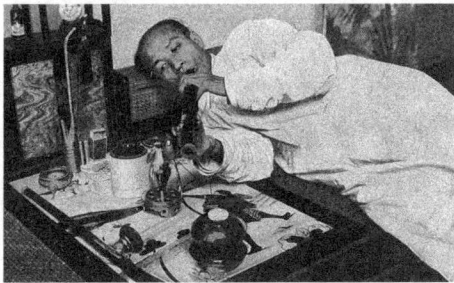

**图二十八 吸食鸦片的男人**

**新名胜的诞生** 这样,大约从 19 世纪 70 年代开始,所谓的"三馆"文化各自在上海租界这个"近代"空间内开花结果。不过,这三者有时也会"相互侵犯"。例如,茶馆兼并烟馆、烟馆吞并妓馆的现象非常盛行,这种"交叉"可以说进一步拉动了三者的繁荣。

由于这"三馆"文化的发达,19 世纪末上海的城市景观发生了显著变化。这个时代的上海突然增加了许多新的名胜。以往的"沪城八景"是指:"海天旭日""黄浦秋涛""龙华晚钟""吴淞烟雨""石梁夜月""野渡蒹葭""凤楼远眺""江皋雪霁"等传统景观。但是,这一时期新亮相的"沪北十景"是指:"桂园观剧""新楼选馔""云阁尝烟""醉乐饮酒""松风品茶""桂馨访美""层台听书""飞车拥丽""夜市燃灯""浦滩步月"等租界的近代景观。"上海"的城市景观在这个时期为之一变。

在这"沪北十景"中,"云阁尝烟"是指烟馆,"松风品茶"是指茶馆,

"桂馨访美"是指妓院。另外，"飞车拥丽"是指人力车，"夜市燃灯"是指街灯，"浦滩步月"是指外滩的景色。

## 二、摇摆不定的认同感——明治日本人的上海体验

**"明治"脱离者的"大陆雄飞"** 在本章的开头，笔者提到，曾经在幕末时期向日本传播各种"近代"信息的上海，在明治国家成立之后，它的意义完全被颠倒了过来。具体来说，明治维新成功后，日本已经开始了"近代国家"的进程，上海的"近代"经验几乎失去了意义。

对于追求以天皇为顶点的具有彻底向心力的"国民国家"的日本而言，依然处于"杂糅"混沌状态的上海，毋宁说是一个"危险"的地方，甚至是一个"有害"的地方。不断追求"均一性"文化空间的日本，与两种不同文化空间相颉颃的上海之间的"落差"，使两者曾经有过的关系颠倒过来，也使得众多从那种"均一性"空间脱离出来的日本人选择渡海来到上海。

除一部分军人、政府机关、商社等派遣的人，他们之中的大多数，不管是否自觉，都被认为是想脱离明治日本、追求所谓"大陆雄飞"的人，甚至包括一些堕落的人。而且，他们之中的许多人一旦踏上了上海这块土地，不知不觉地又"回归"到自己是一个"日本人"的认同。虽然脱离了"均一性"的明治日本，但结果又成为明治日本最大推动者之一的军部的帮手，这种例子非常多。

但是，这个事实并不意味着他们的精神活动与"上海"无关，毋宁说，这种被两者搅在一起的体验，使他们的上海体验具有更深刻的意义。

不管有无上述精神上的纠葛,访问上海的人也许面临着同样的
"选择"。那就是,偏向"租界"与"县城"这两个相抗衡的空间中的哪一
方? 虽然在很多时候决非势不两立,但只要在心中微妙地倾斜于某一
方,那么就决定了他接触"上海"的角度。有时候甚至有可能改变他那
种上海体验的意义。

下面,在我们举一些例子的同时,看一看这些明治日本人的具体
上海体验。

**在大陆寄托"梦想"的岸田吟香**　除外交官和商社的驻在员,如果
要举出明治日本人之中最为频繁地访问上海的某个人,也许非岸田
吟香莫属。他前后共八次来访上海,并以上海为中心开展了各种
事业。

在此意义上,岸田堪称是所谓的"大陆雄飞"的先驱者。因此,为
了更加明确他的足迹,兹将这八次来访按年代顺序罗列如下。

1. 1866 年 9 月—1867 年 5 月,在美华书馆印刷黑本的《和英语林
集成》。

2. 1868 年 2 月—3 月,购买轮船。

3. 1880 年 1 月—7 月,开设"乐善堂"药店的分店。

4. 1882 年 3 月—?,销售科举考试手册的缩印本。

5. 1883 年 11 月—1884 年 12 月,在苏州开设药店分店。

6. 1885 年 6 月—?,计划向中国出口蝙蝠伞。

7. 1886 年 2 月—?,计划举办"上海博览会"。

8. 1888 年春—1889 年?月,设立"玉兰吟社"。

在今天,知道岸田吟香究竟是何许人也的人恐怕不多。但如果加
上一句:他是油画家岸田刘生的父亲,那么,也许反而使许多读者更容

易明白。在幕末时期，岸田吟香可是赫
赫有名的人物。1864 年与从美国回国
的漂流民彦藏一起创刊日本最早的报纸
《新闻纸》的是他，首先开设横滨—东京
定期航线的也是他。

　　除此之外，岸田还在明治日本的对
中关系上留下了各种"事业"，例如，不仅
为日本知识分子策划各种交流计划，而
且还致力于开办当时日本在中国搞间谍
活动的两大据点——"日清贸易研究所"
和"东亚同文会"。

图二十九　岸田吟香

　　从上述的岸田来访一览表中可以很好地证实，以明治维新为分界
线，"日本"与"上海"的地位倒了过来。也就是说，他的第一次和第二
次来访，以印刷《和英语林集成》和购买轮船为目的。不消说，他是想
从"上海"这个更为先进的地方引进"近代"，这虽然是他个人的行为，
但也可以窥见隐藏在他背后的"日本"的现实。

　　但是，第三次以后，他的来访目的完全倒了过来，毋宁说，他想把
日本更为先进的"产品"出口到上海乃至中国。特别是第七次计划举
办"上海博览会"是充满野心的。如果联想到曾经从上海舶来的中文
杂志向日本传播了伦敦和巴黎万国博览会的情形，那么，我们可以发
现，上海转换角色的时间是多么的短。

　　**摇摆不定的认同**　如果从前面所述的偏向"租界"与"县城"哪一
方来接触上海的视角看岸田的行为，那么，虽然他提倡联合亚洲，但很
明显，他用"租界"（即资本主义）的逻辑来对比两个上海。在那里，他

如实地显现出一个"近代人"的面貌，例如，第五次来访时他给《朝野新闻》（明治十七年［1884年］十月二十五日）写的上海通信中表达了如下感想：

> 在上海，日本人有一种奇风异俗，经常被中西各国人士嘲笑。这并非没有道理。除领事馆的官员和一两个公司职员，大家都不穿西服，而是穿着棉制的短单衣，系上一条三尺长的腰带，或者是光头戴上大森出产的麦秆草帽，光脚穿上木屐，嘎吱嘎吱地在虹口一带满大街地溜达着。即便是在偏心眼的日本人眼里，这些同胞的穿着打扮也是极为令人羞耻的。而葡萄牙人、印度人穿的衣服和举止要比日本人得体得多。

这是一篇批判那些"脱离"了日本，但还不放弃日本"装束"的日本人的文章，尽管如此，写下这篇文章的岸田的认同是非常摇摆不定的。也就是说，一方面，他非难那些"伪脱离者"，而另一方面，他作为这些人的"同胞"而深感羞耻，这正好显现出他自身的那种虽然"脱离"但又不能完全"脱离"的摇摆立场。

当然，指出他的这种"摇摆"，也许有点过于苛刻。但是，只有在"上海"这个"杂糅"的地方，才能够有这种体验，这也是指出这种"摇摆"的意义之所在。

**与亚洲合作的"大事业"** 在岸田吟香追求"梦想"、在中国逐步扩大自己事业的明治十年（1877年）左右，与他的方向稍有不同，另有两个日本人以上海为据点追求各自的"浪漫"。其中的一人是海军大尉曾根俊虎，另一人是汉学家冈千仞（号鹿门）。

　　曾根俊虎出身于旧米泽藩，在江户修习英文之后，于明治四年(1871年)加入了海军。明治七年(1874年)，为筹措军需品奉命出差到上海达一年。以此为起点，为筹措谍报和军需品，实际上他前后共六次出差到中国，时间较长的一次在上海逗留了近两年之久。

　　作为一个军人，曾根俊虎究竟在上海追寻怎样一个"梦想"？很遗憾，在他留下的两本中国旅行记《华北纪行》(发行者不详，明治八年[1875年])和《清国漫游记》(绩文社，明治十六年[1883年])中对此没有任何记载，因此，几乎不可能有一个肯定的答案。

　　不过，在此前后，他曾经为创立以培养兴亚志士为目的的"振亚社"(明治十年[1877年])和以与亚洲合作为目的的"兴亚会"(明治十三年[1880年])而四处奔走。从他这些行动之中，大致可以推测这个"梦想"的实际内容。

　　值得一提的是，曾根俊虎于明治十九年(1886)向当时的首相伊藤博文提交了一篇"陈情书"，他在文中指出了列强"弱肉强食"的现实，表达了为了与列强相对抗，必须投身到与以中国为首的亚洲进行合作的"大事业"之中的决心。可以认为，这是他目睹了上海的"租界"对"县城"进行压迫而触发的感想。当然，这只不过是一种推测。但是，作为"大陆谍报"的排头兵，他一直在追求与大陆的"合作"。如果说，在他的精神结构里，多年的上海体验完全没有意义，那是绝对不可能的。

　　**烟毒与科举——冈千仞对中国的批判**　虽然冈千仞与曾根俊虎的立场稍有不同，但是，通过对中国尤其是对上海的体验，进一步加强了"兴亚"的决心，在这一点上，冈千仞与曾根俊虎是相同的。冈千仞出身于仙台藩，年轻时在江户昌平黉学习，明治维新后曾在修史馆工作过，但主要的工作是开办私塾。

在王韬访日期间,冈千仞曾经招待过他。明治十七年(1884年),为访问王韬,他来到了上海。但是,在这里,他突然被上海的畸形"繁荣"震惊。在上海鸦片流行的漩涡中,王韬变成了半个鸦片瘾者。冈千仞吃惊于这个事实,此后,他对烟毒和另一种毒害中国知识分子的东西——科举考试一同进行了批判,把两者视为中国的病根。

另外,据他本人的旅行记《观光纪游》所载,在此之后,他主要以上海为据点,往北到过北京,往南到过广东,在李鸿章为首的许多人面前批判了"烟毒"和"六经毒",大论"振起天下元气的兴亚方略"。在日本,他以"在野的批判者"自居,使他如此奋进的原因,也许是他看到了中国尤其是上海的"混沌"状态。只访问过中国一次的他,也许其梦想在这里完成了一种"自我实现"。

**憧憬与轻蔑的交叉** 其实,在冈千仞访问上海的明治十七年,另外还有一位在野的活动家来到了上海。他就是后来担任东京市长的尾崎行雄。当时,他是《邮便报知新闻》的评论记者,正巧,为采访该年爆发的中法战争,他以特派员的身份被报社派遣到上海。到上海后,他马上开始例行其使命,在《邮便报知新闻》上连载一系列《上海特报》和《特别通信》。也许是由于战况没有什么进展,此后,他似乎扩大了取材的范围,在报纸上连载《特别通信》的同时,还在同一版面连载他观察上海的日记《游清纪略》。

这些日记是继岸田吟香之后比较详细观察上海的记录,由于前述的曾根俊虎和冈千仞没有留下详细的上海记录,因此,作为传播这个时期上海情况的资料,它是极为珍贵的。岸田吟香的《吴淞日记》到最后也没有出版过一本单行本,在这个意义上,在《邮便报知新闻》上连载的《游清纪略》是明治前半期唯一由日本人编辑的上海指南,它与明治十一年(1878年)出版的《上海繁盛记》(葛元煦《沪游杂记》的翻刻版)一起，给这个时期日本人对上海的认识带来了极大的影响。

尾崎行雄在《游清纪略》中记录的上海，正是我们曾经描述过的两个上海的不同"面孔"。在这里，他一方面不加批判地歌颂"租界"的繁华，另一方面则把"县城"的"粗恶"状况批判得毫无价值。下面引用一段他对这两者的看法。

> 支流在注入黄浦江的地方有一座木桥，它被称为大桥。大桥的西端沿黄浦江有一座公园，人称圆明园。(中略)从这座大桥至"界点"正好为四英里，路的两旁种着杨柳树。这是一条宽坦的大路，不似我国东海道和中仙道那样的凹凸不平，也并不是通往其他大城市的官道，它的长度仅四英里，这是为了供外国人散步用的特地向道台借地修筑的。(中略)在公园里，每天晚上聘请马尼拉的乐队演奏音乐。在郊外修筑散步用的大道，可以想象，西商在清国得到了多大的利益。

> 过了城门，街衢变得狭窄，横不过六七尺，街道上堆垒着大大小小的石头，虽然完全把泥土掩盖住了，但污秽之物散乱于石路上，稍不注意便有可能弄脏行人的衣服。而且，路两旁的商家都排放着数个大招牌，如同我国的药铺，因此，狭窄的街衢越发显得狭窄。恶臭充斥着街道，果然名不虚传，同行之人皆掩鼻而行。走不多远，见有一座桥架于小沟之上，沟的污秽与桥的狭窄，恐怕是生活在我国城市里的人们终生见不到的。①

---

① ［日］尾崎行雄：《游清纪略》，《尾崎咢堂全集》第三卷，公论社，1955年。

　　想必再也找不出如此鲜明的对比了。这里显示了以"清洁"和"广阔"为基调的"租界"与"县城"之间的优劣关系，以及造成这种状况的"西商"与"道台"的权力关系。在这个时期，作为旁观者的尾崎行雄，在自我的意识中交织着对前者的"憧憬"和对后者的"轻蔑"。可以说，这自然地浮现出作为"租界""新居民"的日本人的立场。从后来尾崎行雄本人在中日甲午战争中对中国所取的强硬立场以及他作为"宪政之神"在第一次宪政拥护运动中所采取的自由主义立场，我们可以彻底认识到他这些行为的根源。

# 第五章　沉溺于魔都的大正作家们

## 一、谷崎与芥川——旅行社与大正作家

**"兴趣"的产生**　在第四章中,我们描述了 19 世纪后半叶上海的异常"繁荣"以及在这种"繁荣"带来的"混沌"中寄托"梦想"的各种日本人。不论他们在日本国内是何种身份和职业,其来到上海的目的是如何的不同,但是,趁着这种"混沌"状态,追求一种在日本国内无法实现的"自我实现",并且在上海这块土地上自由自在地开展自己的行动,在这一点上,他们并无二致。

正如在讨论岸田吟香时已经指出的那样,一些日本人在"县城"和"租界"之间,明显地站在"租界"一方,不断地用租界的逻辑指责"县城"产生的各种弊病。在此立场上,就连提倡与中国联合、逢人便热辩"兴亚"意义的冈千仞也不例外。也就是说,在这一时期,包括最年轻的尾崎行雄在内,这些具有极高汉语素养的日本人,对于"县城"及其背后的江南"水乡",不仅没有显示出兴趣,甚至持否定态度。

当然,这无疑是"县城"的现实本身带来的结果,但这种现实也在某种程度上影响到他们的精神结构,使他们迅速转变成"近代人"。

但是,到了明治后半期,日本人对于"县城"及其背后的"水乡"的

看法也在逐渐发生变化。当然,如同先前那样,把这块土地当作"自我实现"的场所、想在这里追求另一个"近代"的日本人并没有绝迹。不仅如此,对于过去被"忽视"的"县城",特别是其背后的传统"水乡"显示出兴趣并从那里感受到一种"乡愁"的日本人开始涌现,虽然那只是极少数人。

产生这种现象的背景是,其一,已经迈入"近代国家"之路三十年以上、自己也成为"列强"一员的明治日本人拥有了"近代人"的"闲暇"。其二,大约在1888年以后,在东京市区整修过程中,东京的传统城市被迅速地破坏掉了。尤其在隅田川以东的江东地区一带,随着印刷、金属加工、杂货品等制造厂以及大规模纺织厂的出现,以往隅田川两岸的"江户情绪"几乎被消灭殆尽。一部分来到上海的日本人,想要在依旧保持传统景观的郊外"水乡"中寻找隅田川曾经有过的"幻影"。

作为与日本和上海双方都有关系的人物,永井荷风的父亲久一郎(号禾原)便是一个例子。

**享受"水乡"的久一郎**　久一郎出身于尾张藩,明治初年,在留学美国之后,出任明治政府的官僚,曾任文部省会计课长一职。明治三十年(1897年),久一郎告别了二十多年的官僚生涯,在伊藤博文等人的斡旋下当上了日本邮船公司上海分店长。他之所以能够获得这个职位,当然有各种原因,其中的一个原因是,他是幕末著名汉学家鹫津毅堂的弟子,是一位很有名望的汉诗诗人。

在当时的上海,创作汉诗是与中国官僚和知识分子交流的手段。为了开展事业,这是极有必要的,外交官尤其需要学会这一手。例如,同一时期的上海领事小田切万寿之助经常写作汉诗,留下了汉诗集《银台遗稿》(1935年)。在上海工作期间,久一郎与许多中日诗人交流，扩大了自己的交友圈子。

久一郎虽然逗留上海长达四年之久，但很遗憾，他没有留下记录其活动的详细史料。不过，在他去世之后，其子永井荷风编辑了他的汉诗集《精阁集》十卷（1913年），因此，我们可以从中窥见他的些许上海体验。

在上海，久一郎经常带着两张"面孔"，一张是日本邮船分店长这一明治日本资本主义进入海外的排头兵的"面孔"，另一张则是与妓女嬉戏、享受传统江南水乡的汉诗人的"面孔"。对于前者，可以从这样一首"汉诗"中略见一二：

### 题沪上寓楼之壁

桥影高跨虹口水，

笛声遥起浦东烟。

举杯一笑乾坤小，

门泊俄英美国船。

这是一首吟咏从面向外滩的日本邮船公司的大楼上眺望远处风景的诗。无疑，从这里可以读出与俄、英、美等国并驾齐驱的日本的"国力"，以及久一郎作为一个"近代人"所享受的闲暇。正因为他拥有这种"闲暇"，才可能有如下的行为：

　　子芳致柬邀我和富卿（小田切万寿之助），拟招待我们乘画舫到虎丘游玩。约好先在陈瑞卿校书家集合，兹作此诗以赠。

选胜林泉试小游，

相期同上木兰舟。

谢君情意比水深，

载得吴娘向虎丘。

画舫是中国古代用于游览的屋形船，船上有各式各样的装饰，多用于挟妓开宴的场合。从这首诗中可以看出，久一郎仿效着传统的"文人"，乘坐画舫，载着吴（苏州）的"姑娘"，和友人一起驶向上海的"内院"——苏州的虎丘。

他不选择近代化的"马路"，而选择传统的"水路"，这意味着，这个时期的日本人探寻"上海"的方式开始发生变化，再加上原本就有的"梦想"，把上海视为一个新的"享受"之地。

值得一提的是，明治三十年（1897 年）九月，年方十七岁的永井荷风，与早年的尾崎行雄等人不同，几乎不加任何抵触情绪地进入了"县城"，享受着它的"杂沓"（《上海纪行》，1898 年）。比永井荷风父子晚来上海二十一年，1918 年（大正七年），谷崎润一郎趁日本新成立旅行社之机来到上海，他乘坐着同样的"画舫"，在传统的"水路上"开始了包括上海在内的江南之旅。

接下去将要介绍谷崎的"江南体验"，在此之前，有必要回顾一下使他这次来访得以成行的日中近代旅行社的成立情况。这是因为正是这个旅行社，使日本人对上海乃至中国其他城市的体验发生了变化。

**日本旅行社的成立与中国**　以往在谈及日本旅行社成立的时候，人们常常会列举贵宾会（Welcome Society，1893 年成立）及其后续机构日本旅行社（JTB）、日本国有铁路（国铁）所作的贡献。但是，其实还有一个被人遗忘的"主角"，它就是作为日俄战争的"战利品"从俄国手中接收的在华权益——南满洲铁道株式会社（满铁）。1908年（明治四十一年）5月，后藤新平最早代表日本出面与俄国就旅客货物的联络运输事宜进行交涉，此人是满铁的首任总裁。1910年7月，他参加了在布鲁塞尔召开的"经由西伯利亚国际联络运输"第五次会议，与国铁一起，满铁希望参与通往欧洲的联合运输。翌年11月，为期两年的中朝边境鸭绿江架桥工程竣工，以往纵贯朝鲜半岛的朝鲜铁路与满铁直接相连后，经由朝鲜、"满洲"的日本与欧洲之间的国际联络运输得以实现。

在这条经由朝鲜、"满洲"的国际联络运输线成立五个月后的1912年3月，以铁道院为首，日本邮船、东洋汽船、满铁等公司共同出资成立了前述的日本旅行社。一年后，日本旅行社开始发售由第六次国际联络运输会议（伦敦，1911年）决定的经由满铁环绕世界一周旅游券和东半球周游券——"从新桥到伦敦"的旅行券。①

**"去朝鲜！去满洲！去中国！"** 这样，成立不久的JTB，乘着从19世纪后半期开始的环世界旅行热潮的余波，通过这种方式吸引外国游客来到日本观光。也许是为了满足这些观光客的需求，它从一开始就重视与海外，特别是与"满韩"和中国的联络。

到了大正中期以后，随着日本人观光客的增多，以及大正十三年（1924年），以提高日本旅行文化为事业目的的文化运动团体——日本旅行文化协会成立后，以满铁和JTB为代表的日本旅行社在初创时期的这些方针大体上被原封不动地继承下来。

例如，在日本旅行文化协会成立时创刊的机关杂志《旅》这一旅行

---

① ［日］原田胜正：《满铁》，岩波书店，1981年。

专门杂志的创刊号上，在说明该协会成立宗旨时，把"介绍日本内地以及朝鲜、满蒙、中国等地的风土人情"作为其活动目的之一。另外，在该创刊号刊登的满铁广告上，印刷着一句极为直观的宣传标语："旅行的季节到了！去朝鲜！去满洲！去中国！"

这些事情表明，在日本旅行社成立过程中，"满韩"和中国的旅行地位始终不比日本内地差。

值得一提的是，本书开始时提到过的谷让次，于昭和三年（1928年）访问了"满洲"，他的旅行重点是哈尔滨，在结束了那里的"观光"之后，他乘坐西伯利亚火车去了欧洲。另外，两年后，新潮女作家林芙美子也在满铁的安排下，从大连到哈尔滨，再到上海"散步"去了（《三等旅行记》，1933年）。翌年，在"九一八"事变最为混乱的时候，她又一次通过"满洲"坐上西伯利亚火车前往欧洲。

但是，安排谷让次和林芙美子等个人旅行者，到底只不过是日本旅行社在"满洲"和中国的事业内容的一部分。

在更多的时候，旅行社为日本初中、高中生的团体旅行（即修学旅行）牵线搭桥，这个比重远远超过了个人旅行者。日本初、高中生去"满、韩、中"修学，正式始于明治三十九年（1906年）左右。这一年，在文部省和陆军部的共同主办下，把从全国选出的一部分中学生分成五个班，开始了追寻日俄战争战迹的"中学校联合满洲旅行"。此后，仿效这种做法，所谓的"战场旅行"迅速在全国风行起来。①

如此这般不断兴起的"满韩中修学旅行"热潮，在昭和初年迎来了它的高潮。但实际上，在此前后，被这种"修学旅行"吸引，一般的社会

---

① ［日］久保尚之：《满洲的诞生》，丸善文库，1996年。

人士也开始了"满韩中"的团体旅行。例如,比JTB更早创业的、当时民营旅行业中规模最大的"日本旅行会"(后来株式会社日本旅行的前身),于昭和二年(1927年)主办了首次"朝鲜—满洲"巡游的团体旅行,此后大约每年举办一次,直到中日战争爆发后结束。

　　作为赴"满韩中"的作家个人旅行、初高中生的修学旅行,以及一般人的团体旅行盛行一时的背景,首先应当指出的是JTB等旅行社的活跃。但还有一个不能遗忘的背景是,这个时期,日韩中三国的"交通"已相当发达。对此,因无法展开详述,故在此简略地介绍当时驶往上海的联络船。

　　日本邮船的上海航线,从明治时代起已有横滨—上海、神户—上海的定期联络航班。大正十二年(1923年)新建了第三条航线,即长崎—上海的定期航班。随着最大航速二十一节的快速客船"上海丸"和"长崎丸"的亮相,日中之间的航程缩短为二十六个小时,这些都给日本人的大陆体验带来了不可估量的影响。当然,下面我们想要介绍的许多作家,大多乘着这些船只来到上海,他们的逗留时间或短或长,各自在这块土地上"观光"寻梦。

　　**中国旅行社的成立**　比日本旅行社的成立稍微晚了几年,到这个时期,中国方面也渐渐地做好了接待旅行者的准备。从交通方面来说,例如,中国南北大动脉京汉铁路(北京—武汉)已于1906年开通,连接上海和南京的沪宁铁路也于1908年完工。此后,连接东北和北京的京奉铁路(北京—沈阳)、天津—南京的津浦铁路一同于1911年开通。

　　在餐旅设施方面,除欧美风格的宾馆,中国式、日本式的旅馆也在全国各地广泛开业。以上海为例,日本人经常去的礼查饭店、汇中饭

图三十　20 世纪初的上海站

店、一品香旅馆等为了适应客人的激增，在 1910 年前后相继改建或扩建。

　　从旅行社方面来说，20 世纪初，世界三大旅行公司——通济隆、万国寝台车（铁道卧车公司）、运通公司已在租界内设立了各自的分公司并开始营业。JTB 为满足包括日本在内的海外顾客的需求，在大连、青岛、上海等城市设置了分公司和营业所，并致力于开发各地的观光名胜。

　　另外，在这些外国旅行公司的刺激下，1923 年，终于诞生了民族资本开办的中国自己的旅行公司。该公司仿效美国的运通社，一开始设置在上海商业储蓄银行（上海银行）内，是银行所属的旅行部。它于 1924 年和 1925 年分别组织了去杭州和去日本"观樱"的团体旅行，受到了国内外旅客的极高评价。1927 年，它最终从上海银行独立出来，以"中国旅行社"的名称开始了新起点。

　　在这个新公司成立之际，上海银行总裁、中国旅行社之父陈光甫制定了六条经营方针，即："发扬国威，服务旅客，宣传名胜，改善住宿环境，尽力运送货物，推进文化。"其中，"发扬国威"和"宣传名胜"，与日本贵宾会和JTB成立当初的宗旨是相通的。日本和中国这两个观光"后进国"所具有的相同立场在这里奇妙地以同样的方式显露出来。

值得一提的是，在中国旅行社迈出新的一步之时，国内发行了最早的旅行专门杂志《旅行杂志》。这本杂志开展了"发现中国"运动，这与昭和初期日本进行的选定新"景观"的运动——"发现日本"有着相同的旨趣。

例如，把杭州（第三卷第七号）、上海（第四卷第六号）等大城市列入了特集，把黄山（第三卷第一号）、孔子陵（第三卷第三号）、洞庭湖（第三卷第六号）、紫禁城（第三卷第二、四号）等不太容易去的地方列入了介绍报道之内，以期"发扬国威"和"宣传名胜"。

当然，中国旅行社开展的这一系列"发现中国"运动，对于中国人国民意识的觉醒和恢复业已丧失的自尊心起到了很大作用，这个运动本身理应受到很好的评价。

不过这个运动，很明显是在旅行社这一"制度"下进行的。在这里，"景观"的发现或再发现必然伴随着某种民族主义。另外，随着一系列"古典"景观和"实物"被赋予了新的概念，事实上人们的想象力在不经意之间受到了这种"制度"的极大束缚。

那么，在日中两国这种"制度化"了的旅行社的引导下来到中国的日本作家们是如何应对这种事态的呢？这称得上是一个极有兴味的问题。下面，让我们沿着他们的"体验"足迹，证实一下他们各自不同的"应对"。

**"哪怕只造一间屋子也好"——谷崎润一郎的上海**　从修学旅行等方面可以看出，作为一项"制度"成立的旅行社，其最为明显的标志莫过于规定了各种"旅行"的线路，这在日本人赴中国和朝鲜半岛旅行时也不例外。大约从大正中期开始,所谓的大陆旅行的定期线路也逐渐被固定下来。

例如,大正八年(1919 年)九月,铁道院以原来的英文版东亚指南书(共五卷)为基础,重新编辑了朝鲜及中国的部分,出版了日文版的《中国指南:朝鲜·满州》一书。根据这本政府发行的最具"权威"的指南书,当时,铁道院发售了所谓的"日中周游券",在这种周游券之中指定了"两种线路"。①

这"两种线路"中的第一种是指利用关—釜(下关、釜山)的联络航线,从釜山进入朝鲜半岛,此后,再经汉城、奉天(沈阳)、北京、天津、郑州、汉口(武汉)、上海、杭州,到达长崎、神户。第二种是指,从第一种线路中途的天津出发,经由济南、南京,再到上海。不仅指定旅行线路,指南书甚至提示了大约两个月的"周游计划"的日程安排,并事先预定了所有将要参观的"名胜"。另外,在铁道院的指南书问世之后,民间也出版了许多中国大陆旅行指南,基本上只是上述定期线路的翻版而已。

最早利用这种新启动的大陆旅行体制来到中国的,正是前述的谷崎润一郎。大正七年(1918 年)十月,谷崎拿着铁道院发行的"导游书",独自一人经由朝鲜半岛,在中国各地旅行了两个月。

他的旅行路线恰好是铁道院指南书"两种线路"中的前一种,而且,日程也大体上遵照"周游计划"的安排。在此意义上,谷崎是遵循着旅行社的"制度"乘船来中国旅行的。但是,后文将提到,他巧妙地突破了制度的约束,自己去"发现"大陆景观。

---

① 《中国指南:朝鲜·满州》,铁道院,1919 年。

　　在这次中国旅行中最令谷崎感动的，似乎是南京、苏州、上海等南方都会。回国后，他很快写了关于南京、苏州、杭州的纪行文，流露出他的感怀之情。遗憾的是，在这些纪行文之中并没有留下关于上海的文章。

　　但是，后文将提到，这些纪行文与他对上海的感怀有着相通之处。在这里考察这一问题，并非脱离了主题。而且，他在第二次旅行上海（1926 年）时写的《上海见闻录》①中说道："真想在上海哪怕只造一间屋子也好。"足见他对上海极有好感。

图三十一　谷崎润一郎

　　他在第一次访问中国后写作的关于中国的小说、纪行文和戏曲总共有十四篇，其中直接取材于这次旅行的有五篇，在这些作品中，详细地记录了他在此期间的各种行动和"发现"。

　　如前所述，谷崎润一郎利用现成的旅行社，穿梭于传统的水路上，不断探寻着中国江南的"水乡"。例如，他从武汉下长江来到九江，在那里与友人一起游览了甘棠湖。一面享受着古有的景观，一面在那里发现人与自然相和谐的"风雅"景观（《庐山日记》，《中央公论》大正十年［1921 年］九月）。

　　他对"水路"的怀恋之情也表露在下一站到访的南京。据《秦淮之

---

①　《文艺春秋》，大正十五年（1926 年）五月。

**图三十二　谷崎润一郎投宿的上海"一品香"**

夜》(《中外》,大正八年[1919 年]二月)所载,他白天乘坐画舫在市内游玩了一圈后,到了晚上,他雇了人力车去秦淮河沿岸的某家妓院"探访"。此时,他为这个季节夜间不能乘坐画舫而叹息,对"不能细细品味期待已久的南国情趣"深表遗憾。也许是为了弥补这个"损失",他频频出入于妓院,竭力去体验自古以来中国文人的"情趣"。

在南京的下一站苏州,正如他所说的那样,"我对天平山的红叶没有兴趣,观赏途中运河的景色才是我的目的"(《苏州纪行》,《中央公论》大正八年[1919 年]二月),他坚持乘坐着画舫探寻"水乡"。但是,对这种情趣的"发扬",是他在杭州的"体验"。谷崎没有写过关于杭州的纪行文,而是留下了两篇小说。这两篇小说堪称"奇谈",在那里,作者对于在这块土地上的独特"发现"进行了极富幻想的、神秘的加工。

例如,在《西湖之月》(《改造》,大正八年[1919 年]六月)这一短篇中,描绘了在上海开往杭州的列车车厢中,主人公"我"发现了一位病态的中国美女。此后,他一面执拗地观察着她那"纤细"的手指和脚,一面膨胀着自己的"梦想"。

　　当然，这种题材在以往的作品中也出现过。但是，问题是在哪个地点。到达杭州后，碰巧与她同住一个旅馆的主人公在第二天晚上雇了画舫游玩夜间的西湖。在无法区别到底是"空气的世界"还是"水的世界"的充满幻想的水面上，"我"意外地发现了那个女人的尸体。后来"我"知道，她被结核病折磨已久，自己选择了死亡。但此时，她的尸体并不是在向人诉说她死亡的背景，而是绽放着一种"冰清玉洁""熠熠生辉"的神圣的异样的美。

　　对于这种水中女体的美，在另一篇作品《天鹅绒之梦》（《大阪朝日新闻》，大正八年［1919 年］十一月）中，他进一步变换了手法，进行了彻底的追求。这篇小说用传说的方式，以中国富豪温秀卿的欢乐、颓废生活为主线来展开情节。但是，一读便知，其真正的动机是作者对于"水"和"女体"以及这两者的"关系"的沉迷。

　　顺赘一句，在这篇小说里，一个少女的"女体"每天在温秀卿家庭院的水池中游泳，池底铺着的玻璃像人的"目光"那样，凝视着她。当"女体"被毒死变成"尸体"后，池畔的塔也凝视着她。不久，这个"闪光的尸体"从池中流出，"悠悠地浮在了西湖的水面上"，她随波漂流的尽头，仿佛是月宫女神嫦娥居住的世界。

　　这样，谷崎润一郎虽然不直接取材于近代城市上海，但是，他利用"画舫"这一独特的探访工具，"发现"了在上海背后展开的广阔的江南空间。作者用独特的方法表现出"水乡"的本质。"水乡"这一幻想性的江南空间的"发现"，不仅丰富了他日后在文学上的"想象力"，而且，在"上海"原本只不过是"水乡"的一角这个意义上，也大大刺激了我们对于"上海"的想象力。这就是不谈谷崎润一郎就不能谈论日本人的

"上海体验"的缘故。

**"粗鄙的西洋"——排斥上海的芥川龙之介**　同样是跟着现成的旅行社,芥川龙之介与谷崎的行程却完全相反。芥川龙之介于1921年3月以大阪每日新闻社海外视察员的身份被派往上海,此后,他以上海为出发地花了约四个月的时间在中国各地旅行。

图三十三　芥川龙之介

回国后,他大致按照访问城市的顺序写了一些旅行记,并于1925年结集成《中国游记》,由改造社出版。

芥川在上海逗留了约一个半月。但在前三个星期因胸膜炎住进了医院,结果什么地方都不能去。但出院后,他显得精力很充沛,四处走动,造访了各色人等和各类场所。在此期间,他凭借自己擅长的理性观察,敏锐地捕捉到上海的各个侧面。这里试举两个例子:

这个咖啡馆似乎远比"巴黎人"等店下等得多。在涂成粉红色的墙壁旁,一个梳着二分头的中国少年弹着钢琴。在咖啡馆的正中央,三四个英国水兵搂着一群浓妆艳抹的女子,不停地跳着散漫的舞蹈。

最后,在入口处的玻璃门旁,一个卖蔷薇花的中国老太婆,被我谢绝买花后,呆呆地在一旁看着跳舞。我感觉似乎看到了某一幅画报的插图，图画的题目不用说就是"上海"。①

　　……回到原来的地方后，一个中国人慢悠悠地朝池中小便起来。陈树藩挥舞起了叛旗，白话诗的流行渐渐降温，日英继续结盟，这个男人肯定对这些事情漠不关心。至少从这个男人的态度和脸上看到的，只是那种悠闲。一座矗立在阴天下的中国式亭子、铺着病态绿色的池水、斜向注入池中的一条汩汩的尿线——这一切简直构成了一幅忧郁的风景画，同时也是我们这个老大国的辛辣恐怖的象征。②

实在是芥川式的素描。在这里，被殖民统治的上海的所有性格及其背后的中国的那种无药可救的虚无主义被清晰地勾勒出来。但遗憾的是，芥川没有继续深入这种观察，而且没有将其内容深挖下去。

　　他非常不理解上海的这种"混沌"，把曾经心向往之的"诗文般的中国"严厉判定为"猥亵的、残酷的、贪吃的、小说般的中国"。

　　其结果，他把上海视为"不正宗"的西洋、"粗鄙的西洋"，对其"近代性"表示了强烈的嫌恶感。而且，这种对上海的排斥反应，妨碍了他与章炳麟、郑孝胥等中国政治家的坦诚对话，他没有利用这好不容易得来的感觉。没过多久，芥川龙之介就去了他后来非常喜爱的北京。

　　芥川龙之介从上海出发北上期间，所到之处都乘坐了画舫，有意识地利用"水路"，享受着江南"水乡"。但是，除了苏州和扬州等几个

---

① 〔日〕芥川龙之介：《上海纪行》，《中国游记》，改造社，1925 年。

② 〔日〕芥川龙之介：《上海纪行》，《中国游记》。

例外，芥川龙之介令人意外地轻易地否定了这些"水乡"。例如，虽然是一前一后，但是他把挑起谷崎润一郎各种幻想的杭州西湖只视为一个"泥池"，把南京秦淮河视为"平凡的沟河"，还把前述的洞庭湖冷冷地评价为"除夏天之外，只不过是泥田中的一条河"。

也就是说，他绝没有像谷崎润一郎那样从这些江南的"水"中触发某种"幻想"，也没有像后文提及的金子光晴那样从中发觉颓废的"美"，而是"小说家"式地注视着这些水乡的"现实"。而且，作为一个"小说家"，虽然他也曾吸收了"水乡"的滋养，却"发现"了与谷崎润一郎笔下截然不同类型的女性。

例如，在他的一篇名为《湖南之扇》（《中央公论》，1926 年 1 月）的短篇小说中，他以盛产革命家的湖南为舞台，描写了两个深爱着被斩首的土匪头子的"艺伎"，面对男人的死亡，其中一人强忍着身体的颤抖，另一人则似乎在验证自己的爱情，若无其事地把饼干蘸着男人尸首的血，然后吃进肚里。而且，他特意在小说的开头说明道："正是这个小事件，展示了富有热情的湖南民众的面目。"这个女主人公代表的湖南"不服输的强韧"的地方风气，与作者在上海等地所见到的那种被殖民统治的"懦弱"的混沌形成了强烈的对比。

也就是说，"西洋"也罢，"中国"也罢，芥川龙之介终究是在追寻其"本真"的性格。这两者无论"融合"到何种程度，结果只让他看到一种"不正宗"。在此意义上，他之所以赞赏湖南和北京，是源于他欣赏那种"本土性"。反之，他之所以批判上海，归根到底是他排斥那种"不平等"的近代空间。可以说，这是他作为一个彻底"近代人"所作出的选择。

## 二、文化的越境者——从井上红梅到村松梢风

**"五大娱乐"——井上红梅眼中的上海**　有一个很早就着眼于上海风俗并长期将其介绍给日本的所谓"中国通"作家，他就是井上红梅（本名"井上进"）。现已无从知晓他准确的生卒年月，但在二十世纪二三十年代，他可称得上是名噪一时的杂志宠儿。据说，他在大正初期因自身放荡和经营料理店失败而陷于破产，于是便来到上海①。

图三十四　井上红梅

他刚到上海时操何种职业？是如何谋生的？现已不得其详，但可以肯定的是，1918 年他在佐原笃介（《上海周报》社长）、余谷民（《上海神州日报》社长）、欧阳予倩（剧作家）、张春帆（小说家）、石井柏亭（油画家）、木下杢太郎（诗人）等四十位中日各界名士的资助下，创刊了定期发行的个人杂志《中国风俗》。

井上红梅以该杂志为舞台，在此后的三年内不遗余力地介绍所谓的"中国五大娱乐——吃（料理）、喝（酒）、嫖（女）、赌（赌博）、戏（戏曲）"。在这个阶段，已经开始让人见识到他作为一个记者的片鳞半爪。这里，让我们从《中国风俗》中列举一篇介绍上海新风俗的文章，

---

① ［日］三石善吉：《后藤朝太郎与井上红梅》，收录于竹内好、桥川文三编：《近代日本与中国》下，朝日新闻社，1974 年。

名字叫做"勾引女学生"：

　　娇娇女学生，金丝边眼镜——这是一首勾引女学生的歌。这
是一种非常崭新的买卖。

　　他们大抵是堕落的男学生，人称拆白党、探艳团别动队，想方
设法接近女学生。例如，在运动会、展览会上，只要一有机会就扮
成女学生的家里人一起出席。而且算准平时下午三四点钟左右
的放学时间，在女生学校门前徘徊，尾随在目标女学生的后面。
他们低声哼唱的就是所谓的"女学生之歌"。其曲调采自运动会
歌"浅草色儿青，操场地儿平"，而这首运动会歌的曲调则采自于
日本歌曲"真呀真高兴，真呀真高兴"。①

　　在所谓的"五大娱乐"之中，井上红梅特别对"嫖"（即性风俗）深感
兴趣。他翻译了当时最流行的花柳小说《九尾龟》（张春帆著），在把
《中国风俗》杂志结集成单行本《中国风俗》（上中下三卷，上海日本堂，
1921 年）之际，还不忘把此书冠名为《嫖界指南》收录进去。后来，他还
翻译了中国文学史上著名的"淫书"《金瓶梅》，但据说该书在日本国内
也被禁止出版发行。不能否定，他原本就具有喜好放荡的一面，但想
必当时上海花柳界的繁盛也给他带来了一定的影响吧。

　　**鲁迅的不愉快**　然而，1921 年以后，井上红梅悄然离开了上海，一
会儿住在南京，一会儿住在苏州，变换着他的住所。在南京，他说"也
许对研究中国风俗有几分帮助"，与一位苏州出身的带着孩子的寡妇

①　［日］井上红梅：《中国风俗》（上中下三卷），上海日本堂，1921 年。

毕碧梅同居生活了一段时间。毕碧梅是一个鸦片瘾者，受她影响，井上红梅本人也吸鸦片上了瘾，于是不得不离开这个女人。

人们可以通过《沉迷于中国的人》（上海日本堂，1924 年）和《酒、鸦片、麻将》（万里阁，1930 年）等书了解井上红梅在南京和苏州的所作所为，只要翻一翻这些书就可知晓他在那里也不遗余力地埋头于探寻风俗。

但是，到 30 年代后，井上红梅突然摇身变了一个人。他把活动据点重新移到上海后，翻译了中国新文学之父鲁迅的全集，还揭露蒋介石的独裁政治，发表了报告文学《上海蓝衣社的恐怖事件》。①

《鲁迅全集》的翻译，使鲁迅本人吃惊不小。鲁迅明显地表示了不愉快：“井上红梅氏翻译拙作，我也感到意外，他和我并不同道，但他要译，也是无可如何。”②在鲁迅这种“慨叹”的背后，无疑隐藏着他对“风俗记者”红梅的偏见。

但是，如果可以把鲁迅领导的左翼文学视为 30 年代的某种“思想风俗”，则不应该特别去非难红梅。也许在红梅看来，左翼文学也好，白色恐怖也罢，同样都是新时代的“风俗”。也就是说，包围着红梅的上海的“时代风俗”发生了巨变，并非他本人有所变化。

**“难以名状的感动”——村松梢风**

有一个人读了把上海讥为“野蛮都市”的

图三十五　村松梢风

---

① 《改造》，1933 年 8 月。
② 鲁迅致增田涉书信，1932 年 11 月 7 日。

芥川龙之介的《中国游记》后,反而对上海产生了兴趣,并特地渡海来到上海,他就是村松梢风。此前,他凭借《谈话买卖业者》等作品,好不容易得到了日本文坛的认可。1923 年 3 月,为了看一眼"变化的世界",他抱着极大的期望来到了这个"不可思议的都会"。

图三十六 村松梢风的《魔都》

第一次来上海,村松梢风大约逗留了两个半月。在此期间,他实际上"体验了各种各样的事情",充分享受了这个亲自命名为"魔都"的"摩登"都市。记载他此时各种体验的,无疑是《魔都》(小西书店,1924年)这本日后收录在《上海丛书》中的最为著名的书。在此书中,他非常详细真实地描写了上海这个魔都的阴暗面以及他本人在其间的"放荡形象"。

例如,他对造访上海最大的娱乐街四马路上的茶楼青莲阁时的情景作了如下的描述:

　　一天晚上,我和朋友两个人上了该楼。和街上一样,人们相

互推挤着上上下下。登上楼梯后不久，我和朋友忽然被鸡（妓女）
拉住了。在四处竖立着柱子的宽敞的二楼上，约摸有几千个客人
鱼贯而入。有的紧挨着桌子喝茶，有的扶着栏杆往下看着大街，
有的则一路耍笑着走着。无数的鸡在其间或左或右地来回走动，
她们或纠缠着客人，或和客人调情，或一起到桌边喝茶谈笑。香
烟的烟雾蒙蒙地螺旋上升，使电灯光变得暗淡下来。屋内的混杂
和喧闹使我茫然。不久，缓过神来，看到了抓住我们的鸡的脸。
挨到朋友身上的，是个妙龄女郎，长着一张圆脸，双眼滴溜溜地转
着。挨到我身上的，是个十四五岁的纤弱小姑娘，像一个赛璐璐
做的布娃娃。两个都算不上是美女。朋友和她们讲上海话，意在
叫她们罢手，但怎么也无法使她们离去。

在这个时候，村松梢风有时还会为这种上海特有的"混杂"和"喧闹"而
"茫然"，但随着时间的推移，他渐渐地沉湎于"它的无秩序无统一之
事"和"混沌的莫名其妙之处"。试看他兴奋的样子：

> 站立其间，我欢呼雀跃了起来。晕眩于它的华美，腐烂于它
> 的淫荡，在放纵中失魂落魄，我彻底沉溺在所有这些恶魔般的生
> 活中。于是，欢乐、惊奇、悲伤，我感受到一种无可名状的激动。
> 这是为何？现在的我不是很明白。但是，牵引我的，是人的自由
> 生活。这里没有传统，取而代之的是去除了一切的束缚。人们可
> 以为所欲为。只有逍遥自在的感情在活生生地露骨地蠕动着。

这样，仿佛是在实践这种信念，村松梢风不久之后便与一个名叫赤木

芳子的交际舞教练过起了同居生活。

出现在《魔都》中的一个名叫 Y 子的女性，据说其原型是日本一个小学的代课教师，她怀着一种漠然的憧憬来到魔都上海。① 她和村松梢风认识时还带了一个经纪人老板。这个时期，日本有很多所谓的无处谋生的"摩登小姐"来到上海，她只不过是到上海的无数摩登小姐之中的一个而已。此后，她与村松梢风一起回到日本一次，很快就投入了另一个男人的怀抱，后来不知何时又转到了中国的青岛。

**"沉溺于魔都的人"**　村松梢风在上海的各种所作所为之中，有一件事特别值得提起，那就是和中国新文学的青年文学家的交流。他带着佐藤春夫写给田汉的介绍信，在造访田汉的时候结识了"创造社"的许多成员。这些成员中，除田汉，还有刚从日本回国的郭沫若和郁达夫，此外还有成仿吾等人。

与这些中国文学家的交流，其实是早些年谷崎润一郎和芥川龙之介游历上海时想做而未能做的事情。因此，此事在文学史上具有很深意义。这种中日文人之间有趣的交友关系，在日后重访上海的谷崎润一郎、佐藤春夫和金子光晴等人那里保持了下来。

1925 年，村松梢风再一次来到上海。这一次，他作为京剧演员绿牡丹在帝国剧院公演一事的牵头人，到上海处理一些事务。但是，此后发生了中国方面的牵头人朱启绥侵吞演出预付款的事情，他为了追回这些钱款，不得不屡屡往返于中日之间。结果，虽然最终找到了朱启绥，但还是追不回被侵吞的钱款。不过，这反而进一步加深了他和上海这座城市的关系。

---

① ［日］村松映：《色情绪》，彩古书房，1989 年。

记录这两者之关系的书籍有：《上海》(骚人社，1927 年)、《中国漫谈》(骚人社，1928 年)、《新中国访问记》(骚人社，1929 年)等。这些书仿佛就是他这个沉溺于魔都之人的绝好证明。

**颓废上海的坦白者——金子光晴**　诗人金子光晴在战后写的作品《髑髅杯》中，对这块他屡屡访问的土地作了如下记述：

> 今日的上海，是由灰泥、砖头和盖着红瓦的屋顶建成的横向蔓延的毫无趣味的街道，其间混杂着形形色色的风俗，充斥着世界的渣子、流浪者，其流氓的魅力使众人瞩目。他们就像干瘪的红疮痂那样连绵不绝。被疮痂下的疼痛、血、脓浸泡得软乎乎的街石上涂满了煤渣、红锈，落日映照在被粪便和痰水弄脏的街石表面，任凭长长的雨水敲打着。生存的悲惨和苦痛越发渗透到人的躯体中，刺激着心灵。①

这里丝毫看不到"摩登"都市上海的影子。正如文字所示的那样，诗人的目光凝视着上海的"地面"，完全是皮肤感觉式地来理解它。有好多人用写实的方式向我们介绍了魔都上海的现实，但像这样凭感觉来描绘的人可谓凤毛麟角。这里所描绘的现实，无疑是在"魔登"这个大"疮痂"下蠕动着的魔都的一个侧面。

以流浪诗人闻名的金子光晴在 20 年代后半期总共三次访问了上海。第一次是在 1925 年 4 月，这次纯粹是以游玩为目的，他与妻子三千代一起逗留了约一个月。第二次是两年后的 1927 年 3 月，金子光

---

① ［日］金子光晴：《髑髅杯》，中央公论社，1971 年。

晴受国木田虎雄的委托,给年轻的虎雄夫妻当导游,这是他此次来上海的目的,大约逗留了三个月。在此期间,碰巧横光利一也来到上海,两个人一起走遍了上海的各个角落,重温了旧交情。但回国后,他得知妻子三千代与一个名叫土方定一的无政府主义者陷入了情网,这使他大为吃惊。

图三十七　金子光晴

第三次是在 1928 年 10 月,为了修复面临危机的夫妻关系,他想带着三千代去欧洲旅行。在漫长的旅途中,首先到达了上海。这次逗留了约五个月,此间,为了赚得生活费和去欧洲的旅费,他艰苦奋战了一回,写了一本名为《艳本银座雀》的油印版色情书,并下狠心卖掉它,此外,还画了"广重风格的上海名胜百景",开了个人画展。

**独特的臭气**　金子光晴在上海看到的和嗅到的,是这个城市独特的颓废的侧面。关于颓废,早在他二十五岁左右第一次出洋时就已经在某种程度上感觉到了。在他前期的诗作中也到处表现并歌唱那种感觉,但是,他在上海发现的颓废与以往的感觉稍微有些不同。与其说这是观念式的,不如说是身体感觉式的。

在头顶着黄昏的海浪上,破旧帆船的黑色幻影连绵不断。

噢,弥漫着有害灰尘的上海,沉没在深深的浪底!

流浪的人们,从这座巨大避难医院的数不清的床铺的脚上、从花园桥上、从苦力们的脚镣发出轰鸣声的这座栈桥上,……往下看着这条充满甜瓜皮和痰液的大污水河。

皮肤黄黑的娼妓们，口里嚼着鸦片。

黄包车苦力赌博的铜钱，在门口的石阶上滴溜溜地转着。

……涨潮啦！一群帆船用悲壮的热情跳起舞来。

从四马路上，闻到了鸦片烟枪的铜盆内散发的吱吱的烧焦的味道。

耳朵般大小的阴部完全腐蚀掉了！

从法租界传来了锵锵嘭嘭的铜锣声和打铁声。

"枣泥汤团"的水气弥漫着整个中国。

啊，可是，推着沉重的独轮车的苦力发出哎、哎、嗬、嗬的叫声，

回荡在大街小巷，到何时才能罢休？

从诞生到死去，所有的叫声在那里都可听到。

一切的一切，都回到了大扬子江上。

……①

金子光晴之所以能够发现上海的颓废，是因为他具有诗人的特别发达的嗅觉。正是这种用敏锐的嗅觉嗅到的上海独特的"臭气"，才令他欢喜，紧抓不放。

街上的体臭也不是很强烈。那种臭气就像是把性和生死的不安纠缠到底的、任意荡尽的欲望的、不断地一边死亡一边渗透

---

① ［日］金子光晴：《鲨沉》，《金子光晴全集》第一卷，中央公论社，1976年。

的、心烦意乱般的、酸的人间气味。不知不觉间，我的身上长出了白色的根，从石台阶之间，嵌入这块土地的精神不毛之处。渐渐地，我悄悄地感到身体已不能动弹。①

从这篇访问上海四十多年后写的文章中可以猜想，对于成了半个"上海流氓"的诗人来说，颓废的上海是一个"再也没有比这里住得更舒服愉快的地方"（《髑髅杯》），与它一同被唤醒的，无非是那种"体臭"。

从上述引用的《鲨沉》中可以看出，最强烈地刺激诗人当时的嗅觉的，似乎是流淌在上海各个角落的"污水"。这是因为，很早以前就观念性地表达各色各样"水"的形象的金子，仿佛以和上海"污水"的相遇为契机，此后完全舍弃了那种观念性的表达，开始一味地追求感性。另外，就像在《泡》（《文学评论》，1935 年 6 月）、《鲛》（《文艺》，1935 年 9 月）、《洗脸盆》（《人民文库》，1937 年 10 月）等文中表现的那样，"污水"这一几乎是理解上海乃至中国、亚洲的唯一具有代表性的形象，实际上经常被这个诗人当作素材来描写。

在此意义上，与前述的谷崎润一郎完全不同，金子光晴通过那种幻想性的"水乡"被破坏后的只能称之为"污水"的"水路"来发现"上海"，演奏了一曲"彻底虚无的美妙音律"（《古都南京〈一〉》，《短歌杂志》，1926 年 10 月）。可以说，这是"颓废"诗人与"颓废"上海的无上幸会。

---

① ［日］金子光晴：《髑髅杯》。

# 第六章　"摩登都市"与昭和

## 一、摩天楼和摩登小姐

**"摩登"和"大众"的时代**　近代旅行社的成立,引来了日本作家到上海游览。但这只不过是一个契机,此后,吸引他们陆续来到上海的,无疑是上海本身的魅力。

第一次世界大战后,上海一面旁观着以欧洲为中心的世界经济不景气,一面快速发展轻工业和贸易,成为与纽约、伦敦、巴黎齐名的世界级大都市。无疑,19 世纪后半叶以来,上海作为半殖民地城市,其自身的积累为此打下了基础,而战争期间美国和日本资本的大量投入以及民族资本的勃兴也为此作出了巨大贡献。这些国内外新资本的急增,大大加快了原已相当进步的城市近代化,在短时期内使城市的面貌为之一变,使上海进入了"摩登"和"大众"的时代。

**内外资本的流入与半殖民地城市的诞生**　1895 年 4 月,日中两国结束了长达半年多的围绕"朝鲜半岛"权益的战争,在日本下关签订了后来被称作《马关条约》的不平等条约。根据该条约,中国不得不割让台湾、澎湖列岛以及辽东半岛(后归还)的领土,并且向日本支付两亿三千万两白银作为战争赔偿金和归还辽东半岛的补偿金,不容商讨。

这个赔款数额大约是当时清朝政府三年的全国财政收入。领土割让和巨额赔款，这种空前的屈辱令中国朝野震撼，引起了日后被称为"戊戌变法"的中国近代史上的首次维新运动，这是向来众所周知的事情。

但是，"马关条约"带给中国的冲击绝不止此，除上述两个苛刻条文，其实另有一项内容写进了该条约之中，日后彻底改变了中国社会。该项内容即条约第六条规定的"日本臣民得在中国通商口岸城邑，任便从事各项工艺制造"，这无疑使外国资本开办工厂合法化了。于是，鸦片战争后清朝政府拼命守护的阻止外国资本进入中国的最后一道堤坝被完全冲溃，之后，因适用所谓的"最惠国待遇"，列强诸国的资本如"洪水猛兽"一般迅速涌入中国，沿海各开埠口岸地区受冲击尤甚。

例如，仅以笔者作为问题研究的上海为例，自《马关条约》签订之年的 1895 年起，不到两年时间里就相继落成了日后成为轻工业支柱的纺织企业的四大外资工厂并迅速投入生产，即：英资怡和（Ewo Cotton Spinning and Weaving Co.）、老公茂（Lao Kung Maw Cotton Spinning and Weaving Co.）、美资鸿源（International Cotton Manufacturing Co.）、德资瑞记（Soy-Chee Cotton Spinning Co.）。比这些欧美国家稍迟一步，日本资本亦于 1902 年开始进入上海：三井洋行上海支店于该年收购了债务缠身的中资兴泰棉纱厂（后来的上海纺织一厂）；1905年，钟渊纺织株式会社（后来的钟纺）创办了上海制造绢丝株式会社（日中合办）；1906 年，三井洋行上海支店收购了中资大纯棉纱厂（后来的上海纺织二厂）；1907 年，日本棉花株式会社开办了日信棉纱厂；1911 年，内外棉纺织株式会社创办了内外棉三厂，等等，日资进入上海可谓势如破竹。

不仅是纺织企业，同一时期，列强在各个领域进行了规模巨大的投资活动。例如，造船业：1860 年代创办的英资耶松船厂在 1892 年的时候的资本仅有白银 75 万两，到了 1900 年之后，相继与英资祥生船厂、和丰船厂合并，资本迅速扩充到白银 557 万两，职工增加到 4 千人，摇身一变，成了一个大企业。烟草业：1902 年英美合资、于伦敦创办的英美烟公司（British American Tobacco Co.）于该年 9 月开办了上海分公司，不久便开始陆续收购美国纸烟公司和茂生烟厂等中小企业，短时期内打造了日后生产量占全中国七成的庞大企业的基础。此外，在娱乐领域，1908 年法国商人投资创办了东方百代唱片公司，其初期资本为 50 万元，虽然不是很多，却给上海日后成为"娱乐王国"带来了深远影响。

中日甲午战争后，对于如怒涛般涌入的外国资本，中国朝野自然不会熟视无睹，正如当时诸如"兴实业，挽利权""设厂自救"等口号所反映的那样，面对这种空前的经济侵略，清朝政府，尤其是民间工商业者迸发出一种民族主义情绪，果敢地奋起抗击外来资本。例如，在上述四大外资纺织厂相继落成于上海的同一时期，民族资本的大型纺织厂裕晋纱厂（1895 年）、大纯纱厂（1895 年）、裕通纱厂（1898 年）等亦相继创办，与外资工厂展开了激烈的竞争。其中多数后来经营困难，不得不变卖给日本的财团，此后，民族资本便集中于投资制丝、面粉以及机器修造等行业。其中，面粉业趁着义和团运动和日俄战争造成的北方粮食危机，仅仅数年之内相继诞生了阜丰面粉、华兴面粉、裕丰面粉、裕顺面粉、中兴面粉、立大面粉、申大面粉等面粉厂，虽然面粉业经历了一时的沉浮，日后却成为唯一的民族资本占据半垄断地位的行业。

这样，"马关条约"签订后内外资本之间所展开的宏大"攻防战"，其规模远远超过了之前洋务运动时期的各种投资,宣告了以上海为首的中国近代经济正式"开幕"。列强资本的大举进入与民族资本的顽强抵抗,形成了初期的投资结构,这种结构在中华民国成立后兴起的第二次投资浪潮中以及第一次世界大战期间欧洲资本衰退后日美资本与民族资本之间展开的新一轮投资战中仍然持续着。此外,甲午战争后内外诸资本登场角逐的金融行业,也有着完全相同的结构。两者在各个领域的炽烈竞争,可以说是支撑这个半殖民地城市经济繁荣的最大原动力。

**摩登都市的起点外滩**　从甲午战争后到第一次世界大战后的二十多年间,内外资本大量进入上海,掀起了数次投资高潮,给上海城市功能和城市空间带来了极大变化。从功能方面来说,首先,随着外国银行一窝蜂地涌入以及国内银行的诞生,一向以"钱庄"为中心的原有金融行业亦得到显著发展。它们迅速扩大业务,投资企业,发行纸币,这些新的事业活动使上海在短时期内变貌为中国最大的金融城市。其中,许多外国银行向因甲午战争和义和团事件而肩负巨额赔款(六亿八千万两白银)并且完全没有支付能力的清朝政府,以海关关税为担保,强加了巨额借款,几乎拥有了直接控制中国财政的一大权力。

第二,内外资本投资的为数众多的企业,在短时期内使上海市区周边形成了杨树浦、闸北、沪西、沪南等工业区,使以往除船舶修造工厂以外几乎没有像样企业的上海,变身为几乎涵盖所有领域的中国首屈一指的工业城市。随着工业化的推进,从周边地区流入的人口增加了数倍,内外资本把他们看作客户群,进行了大量的商业投资,上海最终成长为规模远超以往的一大商业、消费城市。

随着城市功能的变化,城市空间内部的各种性质和作用也发生很大转变。无论哪个区域，一律为资本的逻辑和资本的运动所驱使，形成了自己的"景观"，赤裸裸地暴露出它的"欲望"。例如，号称"上海的大门"的外滩一带，自鸦片战争后长期被洋行，即主要经营贸易业的欧美商社占领，通过垄断性地进出口以鸦片为首的各种内外物品，获得了巨大利益。其结果，在19世纪后半叶的外滩，耸立着一排公馆和洋行，有二十多栋大楼，俨然形成了一个庞大的殖民统治性质的贸易商业空间。

但是，外滩这个以洋行为中心的空间，自甲午战争后，尤其是到了20世纪初，随着内外金融资本的大量进入而迅速变貌。这里，我们来细数一下1930年代外滩的各个建筑物，检视一下这个新形成的景观的特质。

首先，以最南端的法国领事馆（1896年，此为建造年份，以下相同）为起点，往北的顺序依次为：法国邮船公司大楼（1937年）、亚细亚火油公司（1916年）、上海总会（1909年）、有利银行（1916年）、日清汽船（1925年）、中国通商银行（1897年）、大北电报公司（1908年）、招商总局（1901年）、汇丰银行（1923年）、江海关（1927年）、交通银行（原德华银行，1890年）、华俄道胜银行（1901年）、台湾银行（1926年）、字林西报社（1923年）、麦加利银行（1923年）、汇中饭店（1908年）、沙逊大厦（1929年）、中国银行（1937年）、横滨正金银行（1924年）、扬子保险公司（1916年）、怡和洋行（1922年）、怡泰邮船（格林邮船，1922年）、东方汇利银行（印度支那银行，1914年）等，这些建筑物长长地并列成一排，一直延续到最北端的英国领事馆（1873年）。

从这一连串的建筑物可以看出，这个时代的外滩，已经有了好几家运输公司、石油公司、保险公司等新兴事业的相关建筑设施，曾经是外滩"主人"的洋行全部被内外银行取代,给人以仿佛这里忽然出现了一个"华尔街"的印象。加上以往的商业要素,这一带成为左右中国经济的金融资本的最大据点,获取了远超以往的权力。

**摩登的支柱南京路和福州路**　外滩的功能和空间的剧变,给予其邻接的两条大街——南京路和福州路带来了巨大影响。这是因为,如前所述,从这里投出去的巨额资金在市区的周边打造出了数个工业区,以工人为首的城市人口随之剧增,各阶层的各种消费活动进一步强化了这两条原本就聚集了不少商业和娱乐设施的大街的空间性格。

例如南京路,这里自 19 世纪中叶起聚集了内外药房(药店)、丝号(丝绸店)、洋货店(西洋杂货店)、银楼(贵金属店)等,此后,福利公司、泰兴公司、汇司公司、惠罗公司等外资百货公司也相继入驻,这里变得越来越繁荣,但由于顾客仅限于特定的阶层,所以到底只不过是外滩的"附属商店街"罢了。可到了 20 世纪初,由于前述的城市人口剧增,南京路逐渐满足不了日益扩大的消费需求。因此,仿佛与外滩的剧变合拍,民族资本纷纷投资,相继落成了后来被称作"四大公司"的大型百货商店先施公司(1917 年)、永安公司(1918 年)、新新公司(1926 年)、大新公司(1936 年)和以销售进口商品为主的中型百货商店丽华公司(1926 年)、中华百货公司(1927 年),以及专门销售国产商品的大型"国货商场"上海中国国货公司,于是,南京路变成了名副其实的中国最繁华的商业街。

另一条主大街福州路的变迁过程也与南京路大致相仿,福州路一带,曾经的基督教传教组织伦敦会的相关设施墨海书馆、仁济医院、天安堂等皆集中于此,因此俗称"布道路"或"教会路",大约从 19 世纪中叶起,这里的报社、书店、文房用品商店林立,发展成一条"文化街"。

另一方面，大致从同一时期开始，传统的剧场（剧园）、兼营书场的茶馆（茶楼）以及被称作"妓家"和"堂子"的妓馆等娱乐设施也大量进入其附近，它们带来的热闹景象与书店等大异其趣。

但是，到了 20 世纪初，福州路与南京路一样，开始呈现出巨大变化。例如，从文化设施来看，光出版社就有商务印书馆（1897 年）、广智书局（1898 年）、文明书局（1902 年）、会文堂书局（1903 年）、有正书局（1904 年）、广益书局（1904 年）、中华书局（1912 年）、百新书店（1912 年）、泰东图书局（1914 年）、大东书局（1916 年）、世界书局（1917 年）、民智书局（1918 年）、传薪书局（1923 年）、光华书局（1926 年）、开明书店（1926 年）、光明书局（1927 年）、现代书局（1927 年）、生活书店（1932 年）、大众书局（1932 年）、启明书局（1936 年）等，大小数十家出版社连屋并轩，呈现出异常热闹的景象。

另外，从娱乐设施来看，剧场有丹桂第一台（1911 年）、新新舞台（1912 年，后改名为"天蟾舞台"）、中华大剧院（1912 年）、大新舞台（1926 年），茶馆有中华第一楼（1910 年代）、四海升平楼（1910 年代）、青莲阁（1900 年代）、长乐茶楼（1910 年代）、荟芳楼（1910 年代），妓馆有新会乐里（1920 年代）、福祥里（1920 年代）、群玉坊（1920 年代）、三元坊（1920 年代）等，密密麻麻地集中在不足一平方公里的狭长区域内，竭力发挥其作为一大"消费装置"的功能。

关于娱乐设施，不妨在此多聊几句，例如，以演出五花八门的色情、荒诞、无聊节目出名的"大世界""新世界"，拥有东方罕见的赛狗、回力球场的逸园球场（跑狗场，现在的文化广场）、中央运动场（室内运动场，现在的卢湾体育馆）等，大致从 1920 年代后半期到 30 年代相继落成，此外，以百乐门舞厅为首的代表夜间娱乐空间的大小舞厅也差不多在同一时期相继出现,最兴旺时有三百多家。

**实现欲望之场所**　这样,日后被称为上海的"大门""昼颜""夜颜"的外滩、南京路、福州路等空间,在 20 世纪前半叶,在资本这个近代"魔物"的参与下,以远超以往的规模和速度剧变着,显现出欲望实现之"场所"的一面。另一方面,这些"场所"满足了内外资本所制造出另一个欲望——"消费",它们好比一种装置,发挥出强大的功能,制造出双重欲望的空间效果。归根结底,被我们屡屡当作问题研究的"上海摩登",到底只不过是被用于装饰这种"欲望空间"的外表,从而包围着"摩登"的表象,亦仅仅作为一种不断产生"欲望"的装置,发挥着它的功能。

在此意义上,我们下面所要介绍的月份牌,这种那个时代独特的商业广告画,就是众多"摩登"表象中最具典型性的起到"欲望装置"作用的事物。由此出现的纷繁众多的纸面上的"摩登空间",辅以其商业性的制作背景,直截了当地显现出半殖民地性质的欲望都市的性格。

**装饰摩登空间的月份牌**　月份牌,简而言之,是 19 世纪末在上海构思设计的一种具有年画(祝贺新年用的装饰性的传统木版画)要素的商业广告,大致包含了采用水彩画等独特技法描绘的人物像、某种特定商品的广告、日历这三个要素。它是广告术之一,巧妙地利用了中国民间装饰年画的风俗,也就是说,商社或代理店在推销商品的同时,顺便把过年用的年画和日常生活必需品日历放在一起赠送给顾客。

如前所述,在内外资本掀起投资高潮的 19 世纪末的中国,众多外国企业和商店不单在各地陆续开办工厂,而且开始瞄准日益增多的消费人口,花大力气从外国进口商品。为了促进这些商品的销售,各商社按照本国的惯例,制作了花样繁多的宣传招贴画,作为一种赠品广泛散发。

以外国的风景、名人、美女等为题材的这些招贴画，虽然引起了人们一时的好奇，但其内容过于脱离现实生活，装饰性、实用性的"价值"都很小，结果不为中国消费者所接受。后来，进口商们注意到了这种文化上的差异，很快转变方向，尝试把一部分中国古代名画印制成招贴画，用于各种商品的宣传上，但那些画题有点过于高雅，同样得不到普通大众消费者的认可。

**图三十八　民国初年的"月份牌"**

经过一系列的试验失败后，各商社最终构思设计的，就是前述的以传统年画为基调，并且以普通民众为题材的人物像、商品广告、日历"三位一体"的月份牌，这种新式商业宣传品种的诞生，不单是中国近代广告业所走过的不同于外国的道路，同时，其独特的表象内容，赋予上海的"摩登空间"以显著特色。

**月份牌的画家们**　在早期画月份牌广告的画家中，有一个叫周慕桥（1868—1923年）的人。他最初在苏州的桃花坞从事传统年画的制作，后来移居上海，在主办《点石斋画报》的著名画家吴友如手下帮忙创作时事风俗画。他大约从20世纪初开始受商社的委托，创作普通消费者喜好的月份牌，但是，年画画家出身的他，虽然吸取了远近法和光线等要素，部分修正了原来的画法，但最终未能超越传统绘画的界限，未能使画题、技法持续地推陈出新。

继周慕桥等第一代月份牌画家之后，在月份牌广告画世界掀起一

场革命的是郑曼陀(1888—1961 年)。他年轻时在杭州的照相馆使用
"木炭写真技法"(用木炭画临摹照片使照片放大的技法)画肖像画,在
此基础上构思设计出了独特的技法——"木炭水彩画法"。1914 年,为
谋求进一步发展,郑曼陀从杭州移居上
海,开始用"木炭水彩画法"创作月份牌。
这种崭新的技法和以女学生代替传统仕
女(美女)造型的新时代仕女画题,不仅
获得中法大药房等主顾的赞赏,还得到
了高剑父等著名中国画画家的高度评
价,因此,他在业界一跃成为时代的宠
儿,其独特的技法亦迅速成为月份牌创
作的主流。

图三十九 1910 年代后半期
到 1920 年代前半期的月份牌

　　把郑曼陀的这种技法和绘画主题进
一步深化、使月份牌作为一大商业美术
种类变得繁荣昌盛的,是天才画家杭稚
英(1901—1947 年)。他大约在 15 岁时进入了拥有商业美术学校性质
的商务印书馆图画部,在三年时间里接受了中国传统绘画、西洋画、商
业设计等入门训练,18 岁时作为商业画家崭露头角,不久之后,他的才
能被广泛认可。1922 年,21 岁的杭稚英离开商务印书馆,开设了自己
的事务所"稚英画室",专门承包月份牌和其他广告设计业务。此后,
他陆续把金雪尘、李慕白等商务印书馆图画部的优秀毕业生招进画
室,在一种集体创作的体制下,向世间送出了大量的作品。在二十世
纪二三十年代的上海,月份牌象征了"摩登上海",其自身作为制造"摩
登空间"的装置,发挥出了强大的功能,"稚英画室"真可谓功不可没。

**中国近代女性的身体解放**　就这样，月份牌简直与 20 世纪初上海商业性的"欲望"的膨胀同步诞生、一同发展，以上我们对它所走过的路程作了概观式的介绍。下面，对月份牌究竟是如何象征"摩登上海"的，以及它作为一种"装置"，究竟是如何生产"欲望"的，作一些讨论和分析。

如前所述，月份牌的技法不过如此，它的绘画主题却完美地表现了近代中国面对西洋文化的渗透及对其受容过程中的中国社会方方面面的变迁。例如，同样是"仕女图"，在清末民初的早期月份牌中，大多数"仕女"依然是扎着传统的发髻、穿着固有的服装、缠足的"古装美女"，到了下一时期，即 1910 年代后半期至 20 年代前半期，取而代之的正是反映这个时代的短发、上下分开的新式服装、天足（从缠足解放出来的天然足）的"时装美女"，她们开始大量登场。而到了 30 年代前后，月份牌的主人公齐刷刷地变成了短发加烫发、开衩的旗袍、高跟鞋的"旗袍美女"。

图四十　典型的烫发
"旗袍美女"

图四十一　1930 年代的
旗袍配高跟鞋

这种变化明白无遗地体现了中国近代女性的身体"解放",一直引领着"都市化"的进程,每个时期的月份牌都作为一种极大的"摩登",发挥着模范性的功能。但另一方面,这种徐徐暴露的身体,与各种各样的商品并列描绘,装饰于千家万户,因此,它自身亦成为一种消费的"对象"。当然,女性身体的这种从"解放"到"消费"的商业性操作,是近代资本主义式"欲望"的逻辑之一,在其他表象世界也能大量看到,绝非月份牌独有的现象,但两者如此这般露骨地结合在一起,并且持续不断地提供给无数的"消费者",毫无疑问非月份牌莫属。

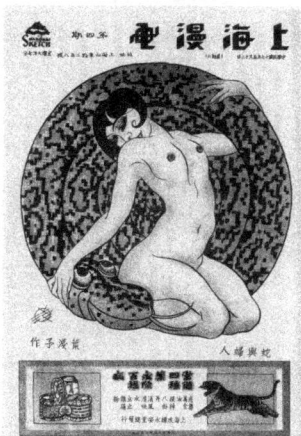

图四十二 《上海漫画》杂志封面,以漫画的形式发表上海时评,每一期的画风都非常大胆

例如,有一种名为"阴丹士林"(德孚洋行)的染色布布料的月份牌系列广告,其画风一成不变的是烫发、开衩很深的旗袍、高跟鞋的美女形象,一面搔首弄姿,一面微笑地看着消费者。在宣传香烟的南洋兄弟烟草公司、大东南烟草公司以及介绍医药品的上海中法大药房、五洲大药房等的月份牌中,画着站在海边的身穿泳衣的年轻妈妈、在山间溪流中游泳的青春少女、半裸横躺在西洋床上的少女、上半身露出一部分的卧在小船中凝望远方的女性等。这些画使"女体"完全暴露在"欲望"的目光下,变成一种绝好的"消费"对象。这种"开放""解放"的情形,恰好与 1920 年代后半期始终摇摆于"人体作品"问题的正统画坛形成了一个对照,大大拔高了这个时代的"摩登"程度。

图四十三　1930 年代的"月份牌"，更露骨、更奢华

　　**摩登欲望都市上海**　在月份牌表现的世界中，除了上述的现代"仕女"，其实还存在着另一种欲望装置的要素，即包围着这些美女的摩登生活环境。例如，从空间性来说，有宽敞的西洋式客厅、双人床的卧室、带淋浴器的洗澡间、跳舞厅、游泳池、海水浴场等，从生活"用

品"来说，有沙发、西洋椅子、电话、电炉、钢琴、小提琴、西洋书、网球拍、高尔夫俱乐部、自行车、猎枪、飞机、西洋犬等。这些东西可以说是大大小小的舞台装置，被大量装入这个"摩登空间"，在诱惑性业已十足的画面中，掺入了另一种指向资产阶级性质的中产阶级的"欲望"。

就这样，月份牌作为 20 世纪初商业资本膨胀时代应运而生的新表象媒体，巧妙地超越了传统年画的体系，传播了曾经不敢想象的女性身体和摩登西洋式生活，无疑变成了一种生产出"欲望"的装置。它在很多方面起到了类似于如前所述的外滩、南京路、福州路的作用。另一方面，它与文学为首的其他各种表象和说辞紧密相联，也就是说，作为一个强有力的"帮凶"，为展现摩登欲望都市上海作出了巨大贡献。

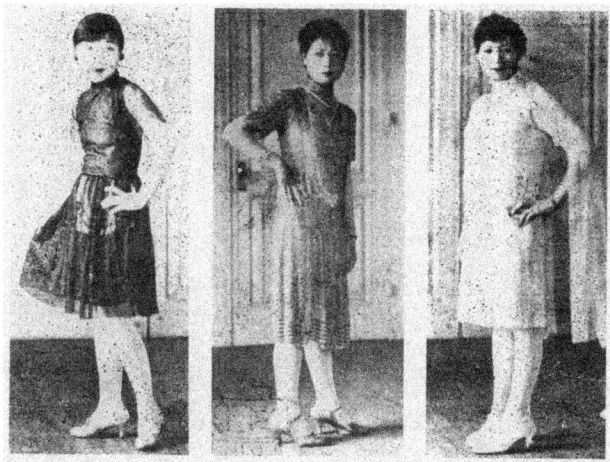

图四十四　《上海漫画》杂志上刊登的摩登女郎

　　文学中的"欲望"之表象，众多的作家在其作品中均有所描绘，这里仅就其中最具代表性的新感觉派文学作一简要介绍。

　　新感觉派文学是指受日本新感觉派等影响的形成于 1920 年代末至 30 年代初的标榜摩登主义的文学流派，从未正式结社，成员以刘呐鸥、穆时英、施蛰存等几个人为中心，主要以《无轨列车》(1928 年)、《新文艺》(1929 年)、《现代》(1932 年)等杂志为活动据点。新感觉派文学后来被称作"海派"(上海派)文学，几乎所有作品皆以上海为舞台，对所谓都市人的生活环境和生活形态进行了细致入微的感觉式的捕捉。其中，大概是因为能够代表这个城市的特质吧，作者们对那些五光十色的娱乐空间和摩登女郎的生态甚至"女体"显示出强烈的兴趣，执着地加以描绘。其内容与前述的月份牌、漫画、电影等其他视觉艺术种类重叠交叉，以上海为"表象空间"的中心，不断地描绘其"欲望之都"的性格。

　　　　晴朗的午后。

　　　　游倦了的白云两大片，流着光闪闪的汗珠，停留在对面高层建筑物造成的连山的头上。远远地眺望着这些都市的墙围，而在眼下俯瞰着一片旷大的青草原的一座高架台，这会早已被为赌心热狂了的人们滚成为蚁巢一般了。紧张变为失望的纸片，被人撕碎满散在水门汀上。一面欢喜便变了多情的微风，把紧密地依贴着爱人身边的女儿的绿裙翻开了。除了扒手和姨太太，望远镜和春大衣便是今天的两大客人。但是这单说他们的衣袋里还充满着五元钞票的话。尘埃、嘴沫、暗泪和马粪的臭气发散在郁悴的天空里，而跟人们的决意，紧张，失望，落胆，意外，欢喜造成一个饱和状态的氛围气。可是太得意的 Union Jack 却依然在美丽的青空中随风飘漾着朱红的微笑。

刘呐鸥《两个时间的不感症者》(1930 年)

　　蔚蓝的黄昏笼罩着全场,一只 SAXOPHONE 正伸长了脖子,张着大嘴,呜呜地冲着他们嚷,当中那片光滑的地板上,飘动的裙子,飘动的袍角,精致的鞋跟,鞋跟,鞋跟,鞋跟,鞋跟。蓬松的头发和男子的脸。男子衬衫的白领和女子的笑脸。伸着的胳膊,翡翠坠子拖到肩上,整齐的圆桌子的队伍,椅子却是零乱的。暗角上站着白衣侍者。酒味,香水味,英腿蛋的气味,烟味……独身者坐在角隅里拿黑咖啡刺激着自家儿的神经。

穆时英《上海的狐步舞》(1932 年)

　　看了那男孩式的断发和那欧化的痕迹显明的短裾的衣衫,谁也知道她是近代都会的所产,然而她那个理智的直线的鼻子和那对敏活而不容易受惊的眼睛却就是都会里也是不易找到的。肢体虽是娇小,但是胸前和腰边处处的丰腻的曲线是会使人想起肌肉的弹力的。若是从那颈部,经过了两边的圆小的肩头,直伸到上臂的两条曲线判断,人们总知道她是刚从德兰的画布上跳出来的。但是最有特长的却是那像一颗小小的,过于成熟而破开了的石榴一样的神经质的嘴唇。太太,当然不是,姨太太更不是。女学生,不像这年纪……燃青正在玩味的时候,忽然看见石榴裂开,耳边来了一阵响亮的金属声音。

刘呐鸥《风景》(1928 年)

忽然一阵 CYCLAMEN 的香味使他的头转过去了。不晓得几时背后来了这一个温柔的货色,当他回头时眼睛里便映入一位 SPORTIVE 的近代型女性。透亮的法国绸下,有弹力的肌肉好像跟着轻微运动一块儿颤动着。

视线容易地接触了。小的樱桃儿一绽裂,微笑便从碧湖里射过来。H 只觉眼睛有点不能从那被 OPERA BAG 稍为遮着的,从灰黑色的袜子透出来的两只白膝头离开,但是另外一个强烈的意识却还占住在他的脑里。

刘呐鸥《两个时间的不感症者》(1930 年)

在上述的引文中,第一段和第二段分别描写了跑马场和跳舞厅这两种"娱乐空间",作者们使用了幼稚的执拗到变态的拟人手法,他们竭力想要强调的,明显是这两种"空间"的性格以及笼罩着它们的"氛围"。这里当然是所谓的新感觉派独特的表现手法在起作用,同时,作为赌博的"场所"和男女交际的"场所",没有什么能比这两者的空间性最能现实地代言这座城市的"欲望"了,这也许是作者们创作的另一个动机。第三段和第四段都细致地观察并描写了"女体",简直与前文所述的同时代其他艺术种类是"共犯"关系,在表现女性时,极其露骨地把她们当作"欲望"乃至"消费"的对象来定位。

这里,我们仅以月份牌和新感觉派文学为素材,非常简单地对其作了介绍,但是,从这些少量的事例中也能大致看出二十世纪二三十年代上海的"表象空间"是怎么回事。当然,这里所确认的各种各样的特征,在同时期世界性大都市纽约、伦敦、巴黎、东京的表象体系中也存在,很难说是上海独有的。不过,如前所述,从 19 世纪末到 20 世纪初,随着内外资本大量进入上海以及由此引起的城市功能、城市空间的急剧变化,即便是各大都市共通的"欲望",以及作为其装置的表象,也经常伴随着一种半殖民地性质的过激特征,这是不争的事实。并且,正是这种过激特征,才是我们孜孜以求所要研究的上海何以"欲望"尖锐化、整个城市"魔都"化的关键所在。

**旗袍的流行** 那么,从实际的市民生活水准来看当时的摩登上海,尤其是年轻女性的日常生活,其潮流动向究竟如何? 答案是,比月份牌里的"模特"有过之而无不及的洋装的广泛流行,比洋装更摩登更大胆的旗袍的流行,以及短发的流行。

**摩天大楼群和摩登小姐的出现** "摩登都市"上海的出现,大约起始于 20 世纪 20 年代。例如,被视作摩登上海的象征的汇丰银行、沙逊大厦(现在的和平饭店北楼)、百老汇大厦(现在的上海大厦)等排列于外滩的一系列新古典主义艺术装饰风格的建筑差不多都是在这个时期建造的。此外,象征着大上海繁荣的南京路摩天大楼群也大体上在 20 年代初现轮廓。

图四十五　沙逊大厦

图四十六　汇丰银行

不光是高层建筑，各种娱乐设施也大致从 20 年代后半期到 30 年代相继落成。例如，以演出五花八门的色情、荒诞、无聊节目出名的大世界、新世界；作为赌博场所，拥有东方罕见的赛狗、回力球场的逸园球场（跑狗场，现在的文化广场）；中央运动场（讲堂），等等。此外，对南京路近代商业空间的形成作出巨大贡献的四大公司——先施、永安、新新、大新等百货商店，以及以百乐门舞厅为首的鼎盛时达三百家的代表夜间娱乐生活的大小舞厅也差不多在同一时期相继出现。

图四十七　南京路上的四大公司——先施、永安、新新、大新百货公司

以市民生活的水准来看这一时期的摩登上海，特别就女性的动向而言，这一时期在她们中间流行着洋装、受洋装影响的旗袍以及短发。

剃短发曾经被清政府当作扰乱公序良俗的行为而禁止，国民政府成立后，短发作为女性自主的象征而更为流行。引领这种流行风尚的，无非是这一时期不断增多的女学生，而被称作"野鸡"、出没于夜上海的娼妓也不在其下。摩登女郎的大量出现，可以说是这两者相互竞争的产物。

图四十八 上海的"摩登女郎"

今天我们熟悉的艳丽的旗袍,实际上非常浓厚地反映了"上海"的性格。旗袍是在原先满族妇女服装的基础上于 20 世纪 20 年代初首先在上海被设计出来,领口高耸,绝对不露胸部,显示出中国女性传统的尊严,相反,裙叉却开得很高,以致露出大腿,据说,这是在追求西洋的"时髦",是在呼吁女性的"解放"。旗袍的这种上下半身不均衡的"表现",可以说如实地展现了"华洋"两个上海的性格,也展现了这两种性格在此地的独特"融合"。

**频繁爆发的罢工** 另一方面,从 20 世纪 20 年代至 30 年代,上海也迎来了"大众"情绪急剧高昂的时代。第一次世界大战期间,许多劳动人口已从周围农村流入上海,战后则进一步增加。据统计,从 1914年到 1928 年的十五年间,上海新开办的工厂上升到 1229 家,产业化的进程需要大量劳动力。其结果,20 年代的十年间,上海人口增加了近百万,1930 年的登记人口为三百一十四万五千人。

在这三百多万人口中,工厂工人和交通工人约占三分之一,他们迅速地成长为支撑这个日益膨胀的近代城市的社会底层的最大"势力"。

他们长期受尽了来自社会各方面的苛刻虐待,忍无可忍地以工人运动的方式呐喊出自己的主张，而罢工则是其尖锐的抗争方式。整个20年代，年年频发的罢工无疑给半殖民地上海的城市空间注入了新的"摩登"含义，尤其是当它与意识形态和民族主义相结合时，它的"近代性"在带有某种激进性的同时逐渐增大，"五卅"事件（1925年）清楚地证明了这一点。

这样，从第一次世界大战后的1919年到第一次上海事变（"一·二八"事变，1932年）爆发的1932年的大约十三年间，上海虽然拥有各种各样的"阴暗面"，但作为一个近代城市，它度过了最为"繁荣耀眼"的时期。此间呈现的各种"摩登"现象，与同时期世界的任何近代城市是相同的。它之所以与纽约、伦敦、巴黎以及东京并称，是因为它们同时存在着这种"摩登"。

然而，上海与这些城市彻底不同的是其半殖民地的性格，因此，即使是相同的"摩登"，上海还经常带有某种激进、刺目以及阴暗等特点。例如，与同样是东方近代城市的东京相比，虽然在性质上多少有些相似，但这种特征在东京并不十分突出。到了20世纪20年代，日本作家之所以陆续来到上海，很多场合无非是为了追求拥有某种阴暗面的激进的"摩登"。

## 二、消失的现代主义

**把城市当作主人公——横光利一的"上海"**　横光利一造访上海是在1928年4月。他对这次来访上海的动机，在一篇名为《静安寺的碑文》的文章中作了如下的回顾：

　　叫我来上海看一看的人是芥川龙之介先生。先生在他去世的那一年对我说,你应当去上海看一看。就这样,我于翌年来到了上海。[①]

图四十九　　在上海逗留的横光利一(右)

　　非常嫌恶上海的芥川龙之介为何劝他去上海,真有点难以理解。但仔细想来,只有那么敏锐地理解了上海的特质的芥川龙之介,才能抛开自己的好恶,充分地领会上海作为近代城市的"魅力"。正因为充分领会了上海,才使他情不自禁地詈骂上海。芥川龙之介发现了新感觉派的旗手横光利一,将他视作一个能够表达上海的人。如果从这个角度来看,芥川龙之介劝说横光利一去上海便是自然而然的了。

　　横光利一在上海逗留了一个月。在此期间,他以日本人集中居住的虹口地区为中心,漫步于上海的各个角落,并向旧友今鹰琼太郎(东亚兴业株式会社职员)索求资料,认真地"搜集"关于上海的材料。回国后,他准备了半年时间,于1928年11月开始在《改造》杂志上连载长篇小说《上海》。在《上海》中,出现了以主人公参木为首的各类人物,他们仿佛各自分担和代表了这个城市的多个侧面。例如,甲谷代表了殖民地资本主义的代理人,阿杉代表了城市风俗的阴暗角落,宫子代表了城市上层的风俗,高重代表了日本资本乃至日本势力,芳秋

① 载于《改造》,1937年10月。

兰代表了工人运动和革命势力，山口代表了东洋的颓废和亚洲主义者，白俄妓女奥尔佳代表了流亡者和娼妓中的世界主义者。

其中，参木是贯穿于这些人之间的人物，小说通过他与这些人的勾连关系，来表现他们各自所代表的城市的一个侧面。小说把参木贯穿于各个人物之间，这种写法与其说以个别人物为主人公，不如说把上海这个城市的全体当作了主人公。

**突出的群众运动**　横光利一特意把发生在自己访问上海三年前的"五卅"事件作为小说《上海》的时代背景，其原因有多个。如果把"五卅"事件作为题材，可以更有效地描绘出上海的"群众运动"。我们可以看出，《上海》对群众描写得很多，且具有特征。小说不是单纯地突出了群众运动，而且还突出了资本的动向，进而用河水的流动等象征手法来呼应和描写。

满潮时，河水膨胀倒流。灯火熄灭了，波浪拍打着猬集的摩托艇的船头。舵并排着，抛出的卸货堆积如山。锁链缠绕在栈桥的黑色桥墩上。气象站的信号灯表示风速和缓，灯光照到塔上，海关的尖塔在夜雾中若隐若现。苦力们浑身湿透，来到了堆在防波堤上的木桶上。破烂的黑帆随着钝重的波浪，咯吱咯吱地摇晃起来。①

铜币从海港流向各地，海港的银币跌价了。揽客的马车群穿梭于日英的银行之间。相对于铜和银的行情，金的行情扶摇直上，参木的笔开始疲于换算英镑。——他因高重的介绍，供职于该东洋棉丝会社的交易部。在他旁边葡萄牙人打字员正打着来

---

① 〔日〕横光利一：《上海》（一），《定本横光利一全集》第三卷，河出书房新社，1981年。

自曼彻斯市场的报告文字。告示板上说,米棉行情因大风而上涨,利物浦的棉花市场被孟买扎达市场支撑着,而卡察汉都和塔吉曼都的小市场支撑着扎达市场——参木交易部的最大任务是:紧盯着这两个印度的棉花小市场的强弱变化。①

　　那扇窗子的玻璃上,映照着所有动乱群众的倒影。仿佛是暗无天日的海底。无数的头长在肩下,肩长在脚下。眼见着他们往下坠落,一面画着那种奇怪的悬垂形草笠,一面来回流动着,流回来时就像旋转的海草那样摇晃着。参木在这些旋转下沉的群众之间搜寻着芳秋兰的脸。(中略)人浪的河流在他眼前疾流着,河与河之间,如同飞沫一般溅起的群众相互碰撞着。旗倒在了人浪之上,那面旗的布头被流动的群众的脚撕扯着,眼看就要被吸进建筑物中。(中略)他倒下了。秋兰跑动的脚——一踢到向他袭来的肉块就跳起来。他碰到了枪托。不过,当他跳进新涌入的人群中去时,再次随着这些人浪一起流动。②


　　如前所述,20年代上海的主角是资本和大众。考虑到这一点,就可以理解,在描写这个近代城市的时候,横光利一为何热衷于描绘金和棉的行情以及游行中的群众。

　　并不停留于"象征交换"的表现手法,也许发现了资本和大众这两者的真正关系,才是他的上海体验及小说《上海》的最大收获。

　　**吉行荣助眼中的资产阶级都市**　其实,还有一个日本作家关注着

---

① ［日］横光利一:《上海》(十九),《定本横光利一全集》第三卷。
② ［日］横光利一:《上海》(三十四),《定本横光利一全集》第三卷。

**图五十　吉行荣助**

上海的金融资本及其显露出的奢侈，他就是吉行荣助。下面的一段话表达了他本人曾经对上海的关注。

> 归根到底，我对中国的洞察是，被世界各国金融资本支配的中国，在它的花园的肥料上散发着资产阶级国家的浓郁的政治气味，除了这种感受别无他物。①

这真是吉行荣助式的言论。但是，如果读了他于 20 世纪 30 年代初陆续发表的一系列上海报道，那么就能明白他这句话的含义。在这些文章中，荣助用他丰富的感觉和华丽的表现手法，刻画了这个政治色彩强烈的资产阶级城市的奢侈现实。

最近，人们以各种各样的事情为契机来重新评价吉行荣助，但是，在他二十世纪二三十年代的丰富多彩的活动中，还有许多令人不解之处。例如，他确实曾经于 1931 年 4 月来访过上海，但不清楚他在此前后是否也来过。从他的年表上看，自 1930 年 3 月到第二年 4 月，似乎曾来访一两次，但准确的情形不得详知。

不过，这种经历上的谜团绝不会在他对上海的"洞察"上落下阴影。他的那些"表现"是华丽的，且带有新鲜的色彩。以下试从收集了好几篇上海报道的《新上海百老汇》中引用两个实例。

---

① ［日］吉行荣助：《序》，《新上海百老汇》，先进社，1932 年。

上海成为远东的纽约,已不是遥远的未来——例如,在黄浦滩的摩天楼的立体线构成的灰色地层上,众多的车辆泛滥的时候……从摩天大楼的铝制窗口往下看,华丽的资本主义都市分离成两个地层。在那里,我可以看到这两种景观:压缩的铺装道路和流动不息的资产阶级科学的精粹。夜色逼近这个都市,浓妆艳抹的女人来到各十字路口的时刻,栖息在大楼里的人在电梯钢索的摩擦声中,感受到把都市当作巢穴的巨大的女人生理。水泥、铁——玻璃——短裙的魅力。①

与此同时,随近代色情的流入而产生的新"野鸡"成群结队地出现在大马路永安百货的屋顶花园和先施、新新百货店的花园里,用欧化的色情蛊惑术勾引着爱好新奇的男人们。

百货店已打烊,为了进入旅馆和花园,在出入口的步道上买了入场券和电梯券后,在直达屋顶花园的电梯里,烫着波浪式卷发的女人们头发凌乱,一直连接到天韵楼。屋顶花园里的好几个地方开设了舞台——银幕——赌场——茶室,嘈杂的中国音乐、赌台旋转时发出的银铃声、舞台上的武生激烈的剑戟声、歌伎口中唱的如衣服摩擦般的中国歌、观众的喝彩声……众多的脂粉女郎拉扯着男人们的袖管。②

---

① ［日］吉行荣助:《上海,色情·艺术》,《新上海百老汇》。
② ［日］吉行荣助:《上海·百分百猎奇》,《新上海百老汇》。

**图五十一　百货公司的屋顶花园**

**从"他者"到"王道乐土"**　然而，吉行荣助用华丽语言描绘的上海的活力景象，大约在他来访的一年后被破坏了一阵子。这是由于日军发动了所谓的第一次上海事变（"一·二八"事变，1932 年），上海的一部分，包括日本人居留地虹口在内的闸北一带变成了战场。

**图五十二　战火中的上海**

关于这场战争,吉行荣助在这篇文章中略有提及,但把它当作正面题材并进行作品化的,是直木三十五的《日本的战栗(上海篇)》。①不过,在这篇作品中,我们前面所述的"上海"已全然消失,剩下的只是越来越趾高气扬的日本人的情绪和民族主义。

消失的不只是以往的日本作家关于"上海"的各种言论。在某种意义上,这场战争对普通日本人来说,上海的意义,说得更极端一些,"上海"本身的意义也一起消失了。

这是因为,在这场战争中,租界的东区和北区——旧美租界被当作日军向中国军队进攻的"军事基地"来使用,于是,"租界"便逐渐脱离了以往"中立"和"自由"的立场,这多半是被"大日本帝国"的威力压迫的缘故。

例如,像以往岸田吟香那样,日本"脱离者"和在外国的"日本人"之间存在着认同上的摇摆不定,虽然程度有所差别,但在任何一个居留民心中多少存在着这种倾向。而在这场战争中,除了一部分例外,几乎都表现为齐心向着"日本"。战后,在东区和北区,以往的租界巡捕(警察)的业务也几乎被日本海军陆战队取代,这也可以说是显示了此事的一个侧面。

这种事态在昭和十二年(1937 年)日中进入全面战争后进一步恶化。自 1937 年 11 月起,在日军的压力下,租界当局逐步取缔了所有反日、抗日的出版物;1939 年以后,租界内最终设立了日本宪兵的驻在机关,禁止任何抗日活动。

进入太平洋战争时期后,公共租界完全被日军"接收",包括保持

① [日]直木三十五:《日本的战栗(上海篇)》,中央公论社,1932 年。

"独立"体面的法租界在内，上海全境开始实行"户籍登记"和"保甲制度"。至此，"上海"已完全丧失了原有的功能，彻底变成了"王道乐土"的一个城市。

当然，在此期间，为躲避战乱，中国内地资本大量投入上海，使其仍然继续维持着"活力"。据统计，太平洋战争爆发前，它迎来了空前的"繁荣"。但是，对于日本乃至许多日本人来说，这虽然具有经济上的意义，但上海原先作为"他者"而起的精神上的作用却大打折扣。

也就是说，明治以来，作为经历了半个多世纪的与日本"内地"相对照的场所，大约从被膨胀的日本"内地"包围的时候起，上海已不再是过去那个"浪漫"的对象，即便它依然是一个令人憧憬的地方，但几乎已变成了一个一攫千金的极为功利的场所。在那里，与其说是近代日本的脱离者，不如说是近代日本的追随者占了大多数。由于他们的存在，上海最终变成了单纯意义上的"大日本帝国"的为数众多的"外地"之一。在此意义上，虽然战争期间最多有十万日本人居住上海，但两者之间究竟在多大程度上构筑了原先那样的"关系"？这仍然是一个令人生疑的问题。

除了一部分例外，可以说，"上海"已从日本人的精神世界中明显地褪色了。

# 尾声　从上海看日本

**"憧憬的上海"**　昭和时期具有代表性的诗人、以歌谣曲作词家闻名的西条八十于昭和十三年(1938年)创作了《上海航路》：

> 开船了,愉快的航海,
> 向着梦寐以求的上海,
> 鼓足勇气,横渡南中国海。
> 哭泣的唢呐,在夜雾中,
> 哭泣着飞翔的信天翁。
> 红色的灯火招摇着,
> 上海! 憧憬的上海!
>
> 要去的地方是大陆,蔷薇色的黎明,
> 升起年轻生命的白帆,
> 柳色青青,扬子江上。
> 大马路、四马路是夜里绽放的花,
> 等待着可爱的眸子,等待着酒。
> 红色的灯火招摇着,
> 上海! 憧憬的上海!

　　　　我们是水手，在汹涛上谋生，

　　　　唱着小曲，越过月光般的中国海。

　　　　海里的飞鱼，渡海的鸟，

　　　　咆哮的汹涛，涌动心潮。

　　　　梦里的港湾已靠近，

　　　　红色的灯火招摇着。

　　　　上海！憧憬的上海！①

　　不光是西条的这首歌，实际上，到了昭和时期，日本人创作了大量以上海为题材的歌曲。

　　例如，以《上海小曲》（门田泪花词，五月生曲，梶原华娘剧团上演的《上海夜话》的剧中曲，1927 年）为首，日活电影《上海》的主题歌《再见上海》（时雨音羽词，古贺政男曲，1932 年），同样由西条作词的《上海见闻》（服部良一曲，1938 年）、《中国之夜》（竹冈信幸曲，1938 年），佐藤惣之助作词的《上海通信》（三界稔曲，1938 年）、《在上海的街角上》（山田荣一曲，1938 年），以及战后传唱一时的《上海归来的莉露》（东条寿三郎词，渡久地政信曲，1951 年）等，一共有二十多首歌曲。

　　除了一部分"战争歌曲"，这些歌曲中反复歌唱的，是与前文引用的那首歌内容相似的"上海"。例如，《紫丁香花落》②、《梦中的四马路》③、

---

① 　［日］西条八十词，［日］竹冈信幸曲：《上海航路》，1938 年。

② 　［日］佐藤惣之助词，［日］山田荣一曲：《在上海的街角上》，1938 年。

③ 　［日］岛田磐也词，［日］大久保德二郎曲：《夜雾的布鲁斯》，松竹电影《地狱之颜》主题歌，1947 年。

图五十三　　1930 年代的"梦"之四马路

《月亮也是外国的》①、《欢声歌唱的街》②等歌曲，都表达了对上海的
"憧憬"。

在这些歌曲中，我们迄今为止所见到的上海的阴暗面被擦拭一
清。不过，这里到处反复着男女的凄婉故事，上海如同"红色的灯火"
那样摇摆着，向人们"招手"。当然，这毕竟只不过是以歌曲的形式所
作的一种表达，但这种表达的另一面也如实地表现了日本人对上海所
持之"心"的真实。

**"西洋"的两张面孔**　　大约从 19 世纪中叶到 20 世纪中叶的一百
年间，日本人的确不断地憧憬着"上海"，其内容随时代变化而变化，在
那里寄托各式各样的梦想。在明治维新之前，日本乃至日本人主要憧

---

① ［日］北村雄三词，［日］大久保德二郎曲：《上海布鲁斯》，1939 年。
② ［日］西条八十词，［日］服部良一曲：《上海夜船》，1941 年。

憬于上海的"近代"性格，与之相对，明治维新以后，毋宁说是憧憬其"反近代"的性格。

当然，这种区分毕竟是为了便于使讨论更为明确，实际上，对这两者的"憧憬"存在于任何时代，因两者的交叉而产生的"混沌"，才使很多人"热血骚动"。①

本书讨论的中心是：近代各时段日本与上海的关系，以及在这块土地上寻找新"梦想"的日本人与上海的关系，尤其是以明治维新为分界线而产生的巨大"逆转"。以下，为使这个过程更加明确，再一次整理一下前面的论述。

司马辽太郎曾在《龙马之行》中，对坂本龙马首次访问长崎时的心情作了推测，他描写道："土佐的云，从石槌山涌起，而长崎的云，从遥远的中国东海流淌过来。"这里所说的中国海，无疑包括了对岸的上海，坂本龙马明确地想要在那里寻找日本的"未来"。至少，作者司马辽太郎是这样认识的吧。虽然不清楚带有多少真实性，但司马描绘的这个故事极具象征意义。

这是因为，坂本龙马当时隔海远眺的上海，的确比日本更早地实现了"近代化"，虽然不是很完全。在欧美列强二十多年的经营下，以所谓的"租界"为中心，虽然是半强制性的，但资本主义在某种程度上渗透进去，历经曲折，逐渐形成了近代的城市空间。

如第一章所述，早于坂本龙马两年，同样非常忧虑"未来"的高杉晋作及其他众多的日本武士，已通过各种方式来体验上海的"近代"，并对其作了"探索"。而且，他们不约而同地对西洋文明促成的繁华光

---

① ［日］岛田磬也词，［日］大久保德二郎曲：《夜雾的布鲁斯》。

景"吃了一惊",同时清楚地认识到"租界上海"对"县城上海"的压迫。

对于开始把目光投向"外面"的日本武士来说,这个呈现在身旁的"西洋"所具有的这两张面孔,都不可坐视不理。

另一方面,实现了半"近代化"的上海,其自身的资本主义性格所必然产生的结果是:它的触须最终伸展到了地理上极为邻近的日本。

具体来说就是大量的西洋信息传到了日本。其中,传教士搞出的各种汉译洋书所传播的知识,不仅使日本人见识到"西洋文明",同时也给日本人提示了以列强各国为模式的某种国家观念或国家形象。

在此意义上,如第二、第三章所述,此时的上海,对于日本来说简直是一种"近代"的"起爆剂",对其作为"国家"迈出新的一步带来了不小的影响。

**脱离日本之梦**　然而,对于日本来说,上海所起的作用到明治时期以后迅速发生了变化。由于日本自身标榜"文明开化",开始直接从欧美引进各项近代制度,以往作为"中转地"的上海几乎失去了意义。但是,更为根本的原因是:对于推进以民族主义为基础的具有向心力的"国民国家"的日本来说,半殖民地的完全没有民族"认同"的上海的"近代"是一种"威胁",绝不是原先那个作为西洋文明的"最前线"而应当仰望的对象。

这样,幕末时期不断把各种"近代国家"的信息传播到日本的上海,在明治国家成立后,对日本的意义完全逆转过来。上海超越了"近代国家"的民族主义,不属于中国、日本以及欧美各国的某个特定国家,作为完全"自由"的新天地,肩负着全新的任务。从近代国家观念逐渐变得牢固的"闭塞的"日本来看,它是一个寄托"浪漫"的对象,是一块实现"冒险"之梦的绝好土地。

19 世纪 70 年代以后的上海,对于作为"国家"的日本来说,其存在方式已不具影响力,但对于梦想着"脱离日本"的众多日本人来说,这个混沌的"近代"城市无疑是一个离日本最近的"避难所",而且是距离最近的"乐园"。明治以后,大量日本人来到上海,除一部分公派的大陆扩张者,多数人来到这块土地上追求的是与日本"内地"不同的"近代"存在方式,以及它作为一种与日本的"均一性"不同的"装置"所起的作用。

**从冒险到摩登**　于是,明治以来否定日本式"近代"的日本人,在谋求脱离日本的志向下憧憬着上海的"反近代"或"反国民国家"的存在方式。但是,如果对其内容作一个粗略的区别,那么,可以确认的是,在各个不同时代,上海相应地被当作梦想、兴趣以及浪漫之地。

当然,这三者在各个时代都可能兼而有之,其间未必能够划出明显的分界线,但相应于都市上海的发展阶段,日本人寄托于这块土地的"梦想"分别有着微妙的变化,这也是一个事实。

例如,在明治时期,作为同样进行"文明开化"的场所,上海和日本之间发生了各种关系,但对于日本人来说,它主要被当作当时日益盛行的"大陆雄飞"的对象。

如第四章所述,日本和上海在这个时期差不多以并列的形式推进所谓的"西洋近代化"。但是,两者的前进方向是完全不同的,一个是牢固的"国民国家",另一个则是认同感极其模糊的"华洋杂居"的都市。因此,许多明治日本的"脱离者"怀抱着日本"内地"绝不可能实现的各种"梦想",到中国大陆尤其是"国际都市"上海去寻求各自的"新天地"。

据日本上海领事馆统计,明治三十九年(1906 年)二月,居住在上海的日本人有 4973 人，不算太多。但从他们的职业来看，从大银行的职员到茶楼的妓女，各色人等都有。而且，就像前文所述的岸田吟香那样，他们当中有很多人在这个"自由"的天地中"树一面旗帜"传递给其他人，他们的"成功故事"很快且不断地招引着新的"冒险者"来到上海。

到了大正年代后，除这些"冒险者"集团，还出现了一群向往"混沌"上海的都市生活的新旅居者。其背景之一，是 19 世纪后半叶形成的近代城市上海，在此时因国内外资本的投入和人口的增加而变得极其"繁荣"，那里出现了世界屈指可数的娱乐空间。背景之二，从明治后半期开始，日中双方相继出现了"旅行社"这一新"制度"，在较短时间内能够使人们舒适地往来于两国之间。

可以说，旅行社的成立，使人们能够彻底把旅行当作一种"兴趣"，使新的文人及其他知识人实现了"接触"上海的梦想。这就是第五章所述的大正时期突然冒出了各式各样的"沉溺"于上海的日本人的原因。

这些"冒险者"和"沉溺者"不断地来到上海，到了昭和时期，其中一些人被突然出现的"摩登"空间吸引，把那里展开的各种新的"想象力和创造力"当作自己的营养源。

当然，就"摩登"的空间而言，以东京为首，日本也大致在同一时期出现了许多。但是，正如前文多次提及的那样，上海的"杂糅"性格和快速成长的"大众"频繁爆发的工人运动，使它的"摩登"经常带有激进、花哨和阴暗的一面。"发现"这个世间罕有的"摩登"的存在方式并把它当作新的"营养"带回日本的，无疑是第六章出场的以横光利一为代表的部分作家。

**上海这个"他者"**　这样，大约从 19 世纪 40 年代到 20 世纪 30 年代的一百年间，上海对于日本乃至日本人来说，实际上起到了巨大作用。在这些作用中，当然包含各种各样的内容，很难简单地加以归纳。但是，如果用一句话来概括，则可以说是：上海起着作为一个时时与日本"国家"以及一个个"日本人"的存在方式相对的外部"装置"（即一个巨大的"他者"）所起的作用。

正因为这个巨大的"他者"是隔海相望的近邻，才使日本较早地揭开了"近代"的序幕，使渡海来到上海的一个个日本人享受到更为丰富的生活方式。

毋庸置疑，对于这一百年间的日本来说，这种所谓的"他者"的空间在其他地方也存在着很多。但是，从相关时期的长久和渡航者的规模来看，其他地方都不能与上海相提并论。在此意义上——也许是一家之言吧——把上海和日本的关系解释清楚，是理解近代日本的一把重要钥匙。追踪每一个人的上海体验，对于理解近代日本人的精神变迁来说也是不可或缺的一项工作。在很长时期内，上海已被许多人讲述过，但正是基于上述的理由，它至今还是一个热门话题。毋宁说，是一个应当被更多人谈论的话题。

## 补论　上海"大爆炸"——魔都、此后

## 一、消失的魔性

**支撑着上海摩登的人们**　本书中已经反复指出，魔都上海之所以为"魔都"，无非是中国原有传统与西洋近代、周边内在习惯与外来文化在时间空间上的交错而产生的一种混沌状态。而所谓的上海摩登，亦来自以这种混沌状态为特征的这个城市独特的半殖民地化的性格，可以认为是一种过激的摩登主义。此外，之所以能在长时期内持续创出这些特质，皆源于内外资本的不断投入与周边人口的迁移，以及这两者合力形成的金融、生产、消费等这些上海城市空间内的往复运动。

这种往复运动究竟是什么？那就是：中国自 19 世纪末甲午战争战败后缔结的《马关条约》中规定允许外国资本进入中国后，原先基本上以贸易商社为主的外滩（Bund），开始接纳内外银行的入驻，迅速变身为巨大的金融投资中心。从外滩流出的资本在上海边缘部建造了以纺织厂为首的众多工厂，从邻近地区吸收了大量的女工等外来打工者。当然，她们到底不过是低薪雇用的普通女性，但几乎是十几岁的未婚人员，自始至终俨然是一个庞大的消费群体。因此，她们平时出入的场所，是位于外滩和工厂地带中间的以南京路为中心的商业街，

一旦因工厂不景气被解雇后，她们的归宿也就大致被决定：卖身为娼，流落于与南京路南面相隔两条马路的福州路（四马路）的娱乐设施内。她们被当作"消费"对象分成四五等，从外滩及其周边过来的白领和蓝领男人们不分昼夜地集聚于此。

这样，近代上海 150 年间，最初的 50 年（1843—1895 年）姑且不表，最辉煌的备受称赞的黄金期 50 年（1895—1949 年）虽然时有沉浮，但在长时期资本和人员的流动而形成的城市空间结构中，上演了一场又一场悲喜剧。

**促使魔都消失的两个因素**　以上大体回顾了前面两个 50 年，虽然讲述得不够充分。今天，我们在追忆那个波澜万丈的魔都历史的同时，亦有必要对"此后"的 50 年，即从 1949 年新中国成立以来到今天尤其是上海世博会为止的历史足迹，作一简单介绍。若非如此，则拙著仅仅是一本回忆性质的书，非但达不到当初设想的概观上海的目的，并且还算不上是一本能够解释今天令人瞠目的"繁荣"景象的参考书。

那么，"魔都"在此之后究竟变成了什么？从结论来看，排斥那种魔性，使那种过激的摩登主义消灭殆尽的，首先是日本的占领，其次是中华人民共和国的成立，也就是说，这两者不经意的"合作"，使上海此后的魔都性格消灭殆尽。

正如序章中提到的那样，上海，尤其是中心区域租界，从设立初始便一直实行自治，作为一个"独立王国"运营着。长时期支撑租界的繁荣并且维持其独特性的，是从国内外大量进入的移民。来自国内的，有民族资本家、科举考试落第的知识分子、外来打工者；来自国外的，最初是贸易商人和基督教传教士，后来还有白俄与犹太流亡者、日本居留民等,其数量也迅速增加。对于这些中国人和外国人,"自治政府"工部局征收税金,在其他方面却管理得极其宽松。日军进驻后,对于以租界为核心的上海,马上进行"帝国"式的管制,如:户籍登记、出入限制等。此后,中华人民共和国成立后不久,实行了更为严格的社会主义"改造",彻底改变了以文化的错综交织为基本形态的这座城市的存在方式。

　　**日军治下的户籍管制**　1937 年 7 月,以卢沟桥事变为导火索,日中两国进入全面战争状态,八月,日军迅速发动"八一三"事变(第二次上海事变),与中国军队展开了长达三个月以上的激烈攻防战,最终,除租界地区,上海全境沦陷。此后,虽然对租界有所顾忌,但日军包围了它大约四年时间,使它成为一座"孤岛",并且试图在各个领域渗透到它的内部。1941 年 12 月 8 日,日美开战当天,日军便进驻法租界以外的公共租界区域,一直统治到 1945 年日本战败为止。

图五十四　在南京路行军的日本兵

在日本占领时期，由兴亚院华中联络部、总领事馆、陆军司令部、海军司令部、特务机关等五个系统构成的统治机关颁布实施了各种各样的政策，其中对上海的"魔都"特质打击最大的，是对内外移民及其财产的管制。

日军进驻三周后，以生活物资供应等为理由，日本宪兵队首先限制民众向市内移居，同时劝告非生产性人口回乡，到次年一月底，日本当局以强制或半强制的方式将大约 60 万人口遣返回其故乡。人口疏散后，日本当局便赶紧着手进行以全体市民为对象的户籍调查与户籍登记。近 300 万人口被调查和登记，这在上海历史上纯属第一次，有了这个，所有居民统统被置于统治当局的管理和监督之下。

不仅是户籍登记，到了五月份，又实施了"保甲"制度，两个租界分别被编成 4854 甲（400 保）和 4499 甲（1038 保），甲的内部实行连坐制，又向居民发行"良民证"，居民平时必须随身携带。[①]

对中国人，仅止于户籍登记和编入"保甲"，而对欧美居留民，在居住登记的同时还进行财产登记。特别是在财产登记方面，未经许可不得转移财产，因此，不仅是欧美居留民自身的财产和资本被冻结，就连存在各欧美银行的中国人的财产和资本也几乎被洗劫一空。另外，日本当局对那些"敌性国"居留民的控制逐渐强化，先是在 1942 年 10 月规定必须佩戴表示其身份的红袖章，接着在 4 个月后的 1943 年 2 月，除妇孺以外的所有男性被强制关进建于浦东的集中营内。

这样，在日军"接收租界"仅仅一年的时间内，上海就已经完全丧失了支撑往昔繁荣的人员和物质基础。除法租界，上海与其他被占领

---

① 陶菊隐：《大上海的孤岛岁月》，中华书局，2005 年。

**图五十五 《良友》画报的封面女郎,上海沦陷时期的抗日女特工郑苹如**

地别无二致。徒有空壳的租界,后来以向美英宣战为条件,被移交给了汪精卫为首的南京傀儡政府,于 1943 年 7 月 31 日被接收,其百年历史随之降下了帷幕。

**朝着社会主义均一化迈进** 抗战结束后,众多的上海原居民纷纷从战时国民政府所在地重庆和避难地香港返回上海。美军亦以帮助接收为名进驻上海,此后,随着《中美友好通商条约》的签订,从美国舶来的文化和商品充斥着城市的大街小巷,上海仿佛又恢复了往日的繁华光景。但是,那只不过是一种幻象,国民政府接二连三的失败致使上海的经济、产业和市民生活陷于半破产的境地,并且丝毫见不到恢复的迹象，1949 年 5 月，中国人民解放军解放了上海。

解放后的上海，在强有力的新政权下，所有领域推行社会主义均一化或单一化。例如，金融方面，外资银行仅保留汇丰银行和麦加利银行（英）这两个银行，其余如花旗银行（美）、慎昌银行（美）等大银行相继撤离上海。另外，中资银行，如中国通商银行、中央银行、中国农民银行等，悉数被人民政府接收，编入以人民银行为中心的新金融体系之中。普通投资方面，解放后不久，以取缔投机倒把为目的，查抄封闭了证券大楼，杜绝了投机活动。

商业方面，从四大公司为首的百货店行业来看，1949 年尚有 12 家店铺，此后相继停业、转业，到 1954 年，继续营业的仅存永安、先施、中国内衣三家，再到 1956 年，仅存永安一家。当然，取而代之的是众多的国营店，但其经营功能与以往大不相同。

另外，上海的人口结构、职业结构方面，亦显示出解放后的巨变。众所周知，上海丰富的国际色调，无论如何是由高比例的外国人口"酿造"出来的。在日军接收公共租界的 1942 年 2 月，整个上海约有四百万人口，两个租界约有二百四十万人，其中外国人超过十五万。在此之后，包括日本人在内的这些外国人，先是因日本战败遣返了约十万日本人，解放战争时期，美国人一度增加到约四千人，但在解放前夕几乎全部撤离了上海。解放后，高峰时期分别达到两万人①和三万人②的俄国人和犹太人亦断断续续离开了上海。虽然缺乏确切的统计数字，据说 1960 年代末居住在上海的外国人仅有数十人，到了 80 年代

---

① 汪之成：《上海俄侨史》，上海三联书店，1993 年。
② 潘光、王健：《一个半世纪以来的上海犹太人》，社会科学文献出版社，2002 年。

中期勉强回升到一千两百人左右。[①]

职业结构方面，新政权在短时期内对其进行了"改造"。例如解放后不久，上海市政府便发布了解散帮会组织的命令，在旧跑马场一次性公开审判了两千个鸦片贩子。对于超过十二万人的游民（流氓、不良青少年）和娼妓，上海市政府一边责令其停业、改行，一边建造了"教养所"等设施，依次收容他们，让他们与过去的生活诀别。就这样，曾经支撑这块土地娱乐业的"三馆"——茶馆、妓馆、烟馆被连根铲除，此后很长一段时期上海的"夜生活"消失得无影无踪。

顺赘一句，在这一时期，抗战和解放战争造成的混乱总算被平复下来，上海人口迅速增长，从解放时的五百万人，仅过 8 年时间，一下膨胀到七百万人。面对这种态势，政府赶紧于 1957 年制定人口发展计划，将来自周边地区的新移民返送回乡，另一方面，对全体居民实行户籍登记，严格限制外来人口迁入，将人口的流动彻底置于管制之下。

## 二、上海"大爆炸"——向各地输出的摩登

**从上海到香港**　从"八一三"事变的 1937 年到解放后完成社会主义改造的 1957 年，在大约 20 年时间里，掌握政权的当局者依次为：日本、汪精卫政权、国民党、中国共产党，上海在所有领域被施加了日增一日的"管制"，以往的所谓"摩登"和作为其过激表象的"魔性"，也逐渐消失，最终，整个城市完全变成了均质性的、单一性的空间。

但是，"上海"绝没有完全消亡。近一百年培育的纷繁多样的文化

---

① 李天纲：《文化上海》，上海教育出版社，1998 年。

经验和记忆，随着人员的迁移，像“大爆炸”一样，扩散到了香港、台湾等中国全境甚至日本和韩国。对日本的影响后文将作详述，这里先简单介绍一点“摩登上海”给中国香港和各地带去的影响。

　　上海的知识人、文化人和资本家迁移到香港或内地，始于日本占领上海初期，或更早一些时候。1937 年 8 月上海攻防战开始后不久，一些著名的出版社，如开明书店、读书生活出版社、出版发行最大的图画杂志《良友画报》的良友图书公司、上海杂志公司、生活书店、商务印书馆等，在几个月内相继转移到香港、武汉和重庆。此外，著名的报纸，如《立报》《申报》《大公报》也试图将据点转移到香港后复刊。跟随这些文化机关转移的许多文化人，如作家茅盾、剧作家夏衍、诗人戴望舒等离开上海后，都选择香港作为活动据点。不光是作家，这一时期，另有许多名人也踏上了相同的道路，如帮会组织头子杜月笙，孙中山夫人宋庆龄，北京大学校长、中央研究院院长蔡元培等上海各界的头面人物几乎以临时避难的形式移居香港。

　　这一系列的转移和迁移中，还包括众多的电影公司和电影业者。在 1930 年代的上海，以明星（1922 年创立）、天一（1925 年创立）、联华（1929 年创立）三大公司为首，存在着数十家电影公司，每年制作出品的电影达一百部①。但是，日中开战后，许多公司破产了，仅剩几个人留在上海，大部分逃往香港、武汉或重庆避难去了。其中，天一公司原本就在南洋地区拥有市场，因此把全部财产转移到香港，后成立南洋影片公司，重整旗鼓。另外，逃到重庆避难的一部分电影人，例如原联华和明星系列的蔡楚生、司徒慧敏、夏衍等后来将活动场所转移到香

---

① 　李道新：《中国电影文化史》，北京大学出版社，2005 年。

港,成立大地和新生等公司,持续制作出品以抗日主题为中心的电影。这两大公司的到来,给原先水准谈不上多高的香港电影界带来了很大刺激,可以说打下了日后香港电影发展的基础。

顺赘一句,1950 年代以后的香港电影界,主要以长城(1949 年创立)、凤凰(1952 年创立)、邵氏兄弟(1957 年创立)、电影懋业(1956 年创立)四大公司为中心,制作、出品、发行电影,前两者的创立,都跟原上海新华影业公司的创始人张善琨和原上海联华影片公司的导演朱石麟有很深关系,至于邵氏兄弟,就是原天一公司改名为南洋影片后,在此基础上创立的。

**返回上海与脱离上海避难到香港、台湾** 抗战胜利后,聚集在香港的许多上海知识人、文化人回到了上海。但是,转眼之间,国共便于 1946 年 6 月爆发了内战,随后,因国民党的镇压,左翼人士相继逃离上海避难到香港。接着,国民党败退,中国共产党开始掌握政权,这次似乎是换了个过来,右翼分子纷纷逃到香港。前者有郭沫若、茅盾、冯乃超、叶圣陶、郑振铎、夏衍等,不过,他们在香港短暂停留后,皆作为新中国文化领导人离开了香港,再次回到北京或上海。后者有以张爱玲、徐訏为首,李辉英、黄思骋、阮郎、刘以鬯等"新进"作家,杰克、南宫博、高旅等大众(通俗)小说家,以及诗人马朗、批评家曹聚仁、林以亮等,这些文人从一开始就与新中国保持距离,此后基本上扎根于香港,已经不可能继续留在上海从事他们的文学创作。其中,1940 年代红遍上海的张爱玲,此后移居美国,但始终把上海放在心里,她说:"我为上海人写了一本香港传奇。"①这种自我告白,仿佛她自身代表了"上海"一般。

---

① 张爱玲:《到底是上海人》,《流言》,台湾皇冠出版社,1968 年。

图五十六　1950 年代移居美国的张爱玲

**人才向内地迁移**　从上海流出的人才，有的去了香港，有的则去了台湾。但时间跨度最长的人才流出，是面向内地的人才输送，时间持续了三十多年。这就是被称作"支援内地""支援三线""支援边疆""上山下乡"的四次大规模的人才、人口、技术和资产转移。

首先是"支援内地"，这是指：解放后不久，1953 年开始的第一个"五年计划"中确立了重视重工业的路线，为了在全国各地建设重工业相关企业，政府从上海各工厂抽调了大约十七万名技术工人和三万名工程技术员，派遣到全国各地并居住了下来。

接着是"支援三线"，"三线"是指：1960 年代中期，中苏关系恶化之后，为防备外部威胁，国家从沿海到内陆依次设定第一、第二、第三国土防卫线,"三线"即第三线,包括湖南省、四川省、贵州省等,为了支援三线,当时从上海转移了数百家工厂。

此外,"支援边疆"和"上山下乡",这是国家以初中和高中毕业生为对象,于 1960 年代前半期把约五万人输送到新疆军垦农场,于 1960 年代后半期至 70 年代后半期,把上百万名知识青年"下放"到遥远的黑龙江、内蒙古、云南、贵州等省份。①

**图五十七　1960 年代被"下放"到内地的学生**

就这样,中华人民共和国成立后,上海"牺牲"了自己,不断地向内地"输出"人才和资产。这些上海人移居形成的居住区,以及在那里形成的上海人社会,在各地被称作"小上海",着实令人羡慕。它们最能体现上海"爆炸"的辐射力,因此,这种"大爆炸"才算得上是近代性即摩登性的"大爆炸",已经明白无误地被后来各种各样的事实证明。

---

①　[法]白吉尔著,王菊、赵念国译:《上海史——走向现代之路》,上海社会科学院出版社,2005 年。

　　一度沉寂的上海，众所周知，自 1990 年代起，完美地上演了一场"复活剧"。这无疑归功于 1979 年颁布的《中外合资经营企业法》、1984 年升格为开放城市的决定，以及 1990 年作为国家项目被批准的开发浦东等国家和市政府的政策。随着这些政策的实施，时隔数十年，国内外的投资蜂拥而至上海。其中，曾经与上海缘分很深的中国香港、中国台湾以及日本，以卷土重来之势，其巨额资金如雪崩般地涌入上海。这些流入的资本，虽然不及抗战结束前的比例，但是，正如"台湾村"等所象征的那样，海外华人和外国人居住者迅速增加。

　　另一方面，"文革"时期被"下放"到全国各地的上海青年，也或早或晚于 1980 年代以后开始陆续"回城"。内外投资使市区变成了一个巨大的施工现场，从外地来上海打工的"民工"数量猛增，这些人口加在一起，进入 21 世纪后，上海人口迅速达到一千三百万，相当于刚解放时的两倍，成了名副其实的"大上海"。

图五十八　1980 年代"和平饭店"的爵士乐队（摄影：丝川耀史）

在此过程中,2010 年 5 月开幕的上海世博会,超越了历史的沉浮,作为开埠近两百年历史长河中所经过的一个站点,它无疑是指引未来之梦想的一大"节日"。背负着"魔都"十字架,正在重新构建自己的生活和自己的城市的全体市民,他们的"梦想"肯定早已深深地烙印于此吧。

图五十九　**21 世纪上海的象征:浦东**

# 三、从日本看此后的上海

**对上海的乡愁**　对于走过了上述历史过程的上海,曾经支撑其繁荣一角以及对其衰退负有不可推卸责任的日本,此后是如何对这座城市表示兴趣的? 又是如何接触这座城市的呢?

众所周知,1945 年 8 月抗战结束,约有十万日本人滞留在上海。

其中大多数人在临时转移、聚集到原先俗称"日本人租界"的虹口地区后，从 12 月开始在政府的安排下依次乘坐遣返船回归日本。在这些从上海遣返的回国人员中，有堀田善卫、武田泰淳、服部良一、山口淑子(李香兰)、川喜多长政、内山完造、林京子(抗战结束前回国)等人，他们回国后果真没有给日本带去任何东西吗？似乎已经无须赘言了。后来，服部良一说："上海这个城市没了，作为音乐家的我也没了。"[①]上海体验，在像他这样被"上海化"[②]的众多日本人之间，此后仍然长时期地并且深深地存活着。

> 痴痴凝望归船靠岸，
> 久久盘桓在港口酒吧间。
> 听说只是听说哟，莉露！
> 上海归来的莉露，莉露。
> 甜酸苦辣，回忆满满，
> 思绪万千。寻觅的步履蹒跚。
> 莉露，莉露，你到底在何方哟，莉露！
> 谁人可知道，莉露你在哪？
>
> 看见你穿着黑色大衣，
> 看见你偷偷地噙泪抽泣。
> 快回来吧，来到我这里，莉露！

---

① ［日］服部良一：《我的音乐人生》，中央文艺社，1982 年。
② ［日］武田泰淳：《上海化》，《大陆新报》1944 年 8 月。

上海归来的莉露。

梦中的四马路,夜雾弥漫时,

默默无语你,唯有愁眸说道别。

莉露,莉露,孤伶伶独徘徊,莉露。

谁人可知道,莉露你在哪?


飘洋渡海归来,

形单影只地归来。

可别抛弃希望哟,莉露!

上海归来的莉露。

暗无天日的命运,两人共分担,

一起生活哟,如昔日重来。

莉露,莉露,今日仍未遇见你哟,莉露。

谁人可知道,莉露你在哪?


1951 年,这首名叫《上海归来的莉露》①的歌在日本国内广为流行。据说这首歌的创作灵感来自曾经作为华纳电影公司的电影《华清春暖》的主题歌由迪克·米内演唱的《上海莉露》(后来在电影《上海浮生记》中也出现过),与前者相比,这里的"莉露"已经完全变成了一种"乡愁"的标志。勾起"甜酸苦辣回忆"的,无疑是这个"莉露"所代表的上海本身。

正如这首歌所象征的那样,从 1940 年代后半期到 50 年代前半

---

① [日]东条寿三郎词,[日]渡久地政信曲:《上海归来的莉露》,1951 年。

期,除了一部分例外,大体上这种"乡愁"成了人们谈论上海之时的一种基调声音。例如,村松梢风的《回忆的上海》(1947年)、《燃烧的上海》(1953年),内山完造的《相同血液的朋友啊》(1948年)、《中国四十年》(1949年)、《上海、下海——上海生活三十五年》(1949年)、《两边倒》(1953年)、《均贫富——中国的今昔》(1955年),星野芳树的《上海弄堂里的人们》(1947年),小竹文夫的《上海三十年》(1948年)等,皆属于此类基调。跃过60年代,到了70年代以后,金子光晴(《髑髅杯》,1971年)和松本重治(《上海时代》,1977年)等人又增添了一系列的"回忆"。当然,在此期间,武田泰淳和堀田善卫各自以上海体验,尤其是战争结束时的体验为基础,发表了一系列作品,深刻地探究特殊状况下人们的生存状态,但他们只不过是少数派,而且把作品背景也仍然设定在过去的上海。

**从"文革"到恢复邦交**　有一个人,在1960年代后半期,亦即席卷全中国的"文化大革命"的高潮时期访问了上海,向日本传递了被那种狂热情绪包围的"实情"。他就是科学思想史家、原京都大学教授山田庆儿。根据他在归国后发表的报告书《公社国家的成立》(《世界》,1967年9月)、《红卫兵、权力、信仰》(《世界》,1967年10月)中所述,他从1967年5月下旬起花了一个月时间游历了上海、北京、西安等地,接触了工人、农民、技术人员、军人等各色人等,观察并了解了中国的实情。在上海,主要从革命委员会常务委员那里打听到了成立上海公社和上海革命委员会的详细情况,访问了许多消灭了"差别"的人民公社,参观了其现实状态。这些记录相当珍贵,让人们看到了彻底"均质化"的当时上海的情形。

1972年9月,抗战结束后第27年,日中两国终于恢复邦交,6年后的 1978 年 8 月,两国签订了《和平友好条约》。从此以后,曾经被林京子说到的"不是那么遥远"①的上海,真的骤然不是那么遥远了。到了 80 年代,日本人能够便捷地来到中国,许多像林京子那样的有过"上海体验"的日本人,纷纷来到上海,寻求一度在他们身上失落的"某种东西",此外,从幼年时代便对"上海体验"耳熟能详的第二代日本人,也纷纷访问上海,他们一边追往抚今,满怀着乡愁与感伤,一边再次开始诉说这个城市。除了林京子的一系列作品,大城立裕的《清晨,伫立于上海——小说东亚同文书院》(讲谈社,1983 年)、村松友视的《上海摇篮曲》(文艺春秋,1984 年)、生岛治郎的《上海流浪》(中央公论社,1995 年)等,也可以认为是这种类型的著述。

**摩登上海复活** 另一方面,也出现了新的"冒险者"。伴野郎的《上海发出夺回指令》(中央公论社,1984 年)、《上海通信》(朝日新闻社,1988 年)、《遥远的上海》(有乐出版社,1992 年)、《上海传说》(集英社,1995 年)、森田靖郎的《上海骑着红色摩托车》(草风馆,1987 年)、《上海同时代——年轻人、庶民、精英》(原书房,1989 年)、《上海黑色摩登——大都市的原画》(朝日新闻社,1990 年)、《上海摩登的传说》(JICC 出版局,1990 年)等作品和报告,皆以作者们憧憬的上海为题材,一边转述着过去的"传说",一边介绍"同时代"上海的现状。

不那么遥远的上海,不仅是体验者和"冒险者",还唤醒了众多其他人的"记忆",他们经常在平面视觉艺术中反复再现上海。小堀伦太郎的《写真集 怀念的上海》(国书刊行会,1984 年)、杂志《夜想 12 特集·上海》(仙人球膏工房,1984 年 7 月)、海野弘的《上海摩登》(冬

---

① [日]林京子:《上海》,中央公论社,1983 年。

树社,1985 年)、上田贤一的《上海全景漫步》(新潮文库,1987 年)、中川道夫的《上海纪闻》(美术出版社,1988 年)、《上海快乐读本》(《别册宝岛》,1993 年 11 月)等,无疑是其中的代表作品。

当然,在此期间,以往稍显薄弱的研究者们也开始探究上海过去的历史。以加藤祐三的《上海》(《都市物语》,读卖新闻社,1982 年)为首,丸山昇的《上海物语——动荡和混沌的街市》(集英社,1987 年)、尾崎秀树的《上海 1930 年》(岩波新书,1989 年)、村松伸的《上海·都市与建筑——1842—1949 年》(PARCO 出版局,1991 年)、高桥孝助与古厩忠夫编的《上海史——巨大都市的形成和人们的营生》(东方书店,1995 年)等,分别从不同的角度整理了波澜万丈的上海史,以飨读者。

**向新上海迈进**　这样,从 1980 年代到 1990 年代,可以说掀起了一个热潮,上海被许许多多的人反复诉说着。那些为数众多的"传说",夹杂着对过去的乡愁和感伤,不断惹起人们对上海的兴趣和憧憬。上海,即使过去经历了无数的不幸,但不知为何,人们不约而同地只回忆它摩登华丽的一面,"半帮凶"式地反复诉说着这座城市固有的形象,并且增厚了那些"传说"的篇幅。

但是,事实上,这种以"乡愁"为基调的回忆,随着前述的 1990 年代以后上海自身的迅速变貌,已经一点一点被修正过来了。进入 21 世纪后,上海的表象是:高楼大厦林立的浦东正在变成市中心,人们的兴趣也集中到了作为世博会会场的浦东。上海,或者说上海人,自身在"过去"和"未来"之间摇摆着,而已有超过 5 万人常居上海的日本,或者说日本人,一边背负着"过去",一边朝着"未来"迈进,所以说,是到了必须创作出新"传说"的时候了。而这项"作业",无疑将变成一个契机，使上海再次作为一个意义非凡的"他者"，与日本相对照。

图六十　空中俯瞰上海世博会会场（选自上海世博会官方宣传手册）

图六十一　上海世博会排队进入日本馆的人群，后方的穹顶即日本馆
（摄影：浦谷年良）

# 后　记

话说可以追溯到我的少年时代。20 世纪 70 年代前半期，那时，"文化大革命"还未结束。在当时的中国，物资极端贫乏，作为一项对策，实行了像日本战时那样的配给制。极其日常的生活用品还好一些，如果想要购买所谓的耐用消费品，则必定需要商品配给券。而且，配给券很难弄到手，有时候甚至要等上好几年。

一天，不知道通过什么关系，我的父亲得到了一张"永久"牌自行车的配给券。当时的中国人几乎无人不晓得"永久牌自行车"，它是非常有名的名牌产品，由上海自行车制造厂制造。得到了"名车"的配给券，这对我家来说简直是一"大事件"。

接下来父亲马上召开家庭会议，讨论这辆自行车归谁使用？全家讨论了很多时间。不用说，一开始就被剥夺使用权的，是我这个尚在念小学的学生。

不久，"永久牌自行车"进了我家。这还引起了很大的轰动。这是因为来我家参观这辆"名车"的左邻右舍络绎不绝，持续了好几天。他们对这辆车发出赞叹，都说："真不愧是'上海造'的。"这仿佛是在说，"上海"不是中国的一个城市，而似乎是我们遥不可及的"外国"。

因为这辆自行车的关系，我很快就成了邻近一起玩耍的小朋友们羡慕的对象，我本人也为自己能与上海有"关系"而感到很得意。

当时，我们一家住在东北的沈阳。这里是交通的要冲，是从东北到南方的必经之地。"文化大革命"期间，中国的城市青年在高中毕业后，必然要"下放"到某地的农村，去接受思想和肉体的锻炼，而上海的青年主要被"下放"到中国的最北端——黑龙江省。他们每年在春节的时候必定乘坐专门列车经过我们的城镇，回到故乡上海。

每次他们经过，他们的行为就成了我们这座城镇的话题。比如，尽管他们人数很少，却占用了一辆车，他们带了很多我们平常很难买到的牛奶巧克力（也是上海生产），不停地在吃，等等。让我们乡下人最为吃惊的，莫过于男女青年在别人面前若无其事地接吻！

当然，当时还是小学生的我，没有目睹上海青年的这些行为，都是道听途说。但是，自从那件"永久牌自行车"的事情以后，我已经完全被"上海"的威力折服。因此，我不仅认为这些传说全部是真实的，而且还对城镇上人们的批判目光不以为然，而是单纯地、暗暗地憧憬着那种"奔放"行为，以及那些人居住的城市——上海。

现在回想起来，包括对上海青年的行为持否定态度的沈阳人在内，我们也许在无意识之间早已把"上海"置换成"西洋"或"近代"来理解。比如，在谈论上海或上海人的时候，多用"洋"这个字来形容。"洋"，字面的意思是"洋气"，比如，用"西洋风"形容房屋林立，用"西洋流"来形容人的语言行为和服装，等等。

也就是说，正如"上海牌"产品远远好于其他"内地"产品那样，"上海"和"上海人"也在某种程度上被认为是与"中国人"相分离的，和"内地"人相比，更接近"西洋"和"外国"。至少，那种感觉已经植入我这个少年的心中。

我第一次实地访问上海，是在将近二十年后的 1986 年。当时，我已在日本度过了三年的留学生活，利用暑假回国探亲的机会，独自一人，终于决定到这个中国的"外国"去看一看。这一次，我是坐船旅行。

乘坐着下水运营不久的日中联络渡轮"鉴真"号，我仿佛是在描摹众多的日本人所经历的航线，溯长江和黄浦江而上，靠近了那个外滩。但是，大概是在日本时已看惯了高层建筑的缘故，曾经使坐船来到上海的人们感动的外滩风景，并没有让我感到那么激动。

而一旦上岸后，当我走在大街上的时候，不禁被它非常独特的氛围惊呆。

这里明显地背离了曾经养育我的中国"内地"的传统规范，也和我在日本体验过的那种死板的秩序有着很大差别。不妨说，那真是一种"摩登的混沌"。当时，我的脑海里浮现出一张巨大的地图。

那就是，夹在我小时候生活过的中国"内地"和我现在生活的日本之间的以上海为中心的东亚。说实在的，我的直觉是，上海的这种"摩登的混沌"是由中国的"内地"和"外国"（那时候我只知道日本）这两种"空间"相对抗的产物。

也就是说，上海的这种"摩登"不存在于中国的"内地"，虽然它与日本和其他国家的近代都市是相近的，但另一方面，那种"混沌"显然是近代中国特有的，是原来的规范被破坏后产生的现象。而且，只有在这"摩登的混沌"之中，才存在着中国"内地"和其他外国近代城市中不存在的蛊惑着人心的"自由"。

现在想来，当时令我吃惊的，无非就是这种"摩登的混沌"酿成的"自由"气氛。

自1986年第一次访问起，我后来又访问了上海好几次。时而从中国"内地"出发，时而从日本出发，而且还尝试着乘火车、轮船、飞机等不同的交通工具来到上海。当然，因每次来上海的方式不同，对它的印象也有着微妙的差别。此外，朋友还带我从"内部"观察上海，大大丰富了我对上海的认识。

但是，随着这些体验的增加，与其说修正了我最初踏上上海这块土地时的直觉，不如说似乎更增强了这种直觉。由那个小小的直觉萌生的那幅以上海为中心的地图，一直在我的心中成长着。

在这个意义上，本书可以说是在那个小小的"直觉"和我花了近十年时间学习上海"知识"的基础上写成的。五年前，我在国际日本文化研究中心的共同研究会上作了名为"魔都体验——文学中的日本与上海"的报告，在听了这个报告后，该研究会的成员、芥川奖获奖作家辻原登先生对我说，"也许可以把这个内容写成一本书"，并亲自向我介绍了写作的技巧。这就是我写作本书的缘起。

打那以后，我像一只候鸟，往来于日中之间，开始与数量庞大的上海史资料搏斗。但是，不管我怎样努力，这座大山没有丝毫变小的迹象，于是我中途停顿下来，此后不得不把精力集中于查阅重要资料上，开始执笔写作。本书的前半部分将近100页讲述了幕末关系，使用的正是这些资料，与之相比，明治以后仅写了90页左右，这让我感到无比遗憾。

所幸的是，关于明治以后日本人与上海的关系，许多人已经讲述过，而幕末时期两者关系的研究却稍显薄弱，花费较大篇幅研究它，也许更有意义，所以我至今仍然认真对待，不敢懈怠。

本书在执笔过程中，实际上给讲谈社选书出版部带来了不少麻烦。因我的延误，最初的责任编辑藤冈启司先生及其后任者松本彦和先生最终没有见到本书的完成便调到其他部门去了。在此深感抱歉。

　　其后的责任编辑是所泽淳先生，为了我，他把截稿日期一延再延。在此期间，他时紧时松，非常称职地"指挥"我完成了本书。如果没有他长期的鼓励和极得要领的督促，本书就不可能得以问世。在此，对所泽淳先生深表谢意。

刘建辉
2000 年 4 月

# 文库版后记

拙著《魔都上海——日本知识人的"近代"体验》，作为讲谈社专家选书之一出版后，至今正好十年了。在此期间，拙著被收入海外学者《上海史研究译丛》丛书（由甘慧杰先生翻译成中文），2003 年由上海古籍出版社出版，再加上这次被收入了筑摩学艺文库，使我深感荣幸。拙著以及中文版，在十年后的今天仍然被广大读者朋友们翻阅，这与其说是拙著受欢迎，不如说是拜拙著的研究对象——上海本身拥有的都市魅力所赐。如果不是这样的话，既非上海土生土长，又非上海研究者，一个"学徒"的著述，是不太可能拥有如此生命力的。

但是，在此十年间，上海的面貌实际上发生了"翻天覆地"的变化。往昔"魔都"的残影已被华丽的现代风貌打消殆尽，人们只能从作为"保护"对象保留下来的外滩和一部分弄堂那里，窥见这座城市的历史老底子。不过，如果透过这种绚烂的表层，跨入它的"里面"一步，在那里，必然存在着至今未变的这座城市的"过去"，并且，或许人们早已注意到，这种未变的"过去"，才是产生今天巨变的源泉，在此意义上，旨在解释上海的"过去"及其基本结构以及与日本之关系的拙著，对于今天访问上海的人来说，或许是一本指南书。怀着这个心愿，特向读者朋友们奉上这本小册子。

在文库版出版之际，从头至尾得到了 K&K 事务所刘部谦一先生的帮助，他向筑摩书房介绍了拙著，接下了所有编辑工作，在他的照顾下，本书得以顺利出版。在此表示衷心的感谢！

　　海野弘先生欣然为本书作《解说》，让我感到喜出望外。对于从研究生时代一直是其私淑弟子的我来说，先生令我高山仰止，这次为拙著作《解说》，并且启示了许多课题，真可谓锦上添花。在此表示诚挚的感谢！

　　最后，向筑摩学艺文库的町田沙织女士表示深深的感谢！在增补之际，她建议，应当增加相对较为单薄的昭和时期和战后部分的内容，以充实整本书。这次出版，总算以"补论"的形式泯去了当初的遗憾。

刘建辉

写于 2010 年七夕之日

# 解说　上海这面"镜子"

海野弘

　　2000 年本书出版之时,我感到给上海研究吹来了一股新风。关于"上海",此前出版了大量的书籍,多半是外国人写的异国情调的、可怕的上海。从 1980 年代到 1990 年代,出现了"上海书"的热潮,我也编了一本《上海摩登》(冬树社,1985 年)。

　　面对这些从外部观察上海的论著,终于,中国的研究者也开始写作关于上海的论著了,这让我感到高兴。为什么? 这是因为,过去在中国近代史领域,"上海"是一个被禁止研究的题目。它是欧美以及日本帝国主义进行殖民统治的城市,那里的繁华只不过是侵略性的、隶属性的文化而已。"魔都上海"这一词语,被认为是对中国上海的侮辱性的形象。

　　战后日本的中国研究者也企图抹去战争时期侵略主义的形象,对"魔都上海"避而不谈。我编的《上海摩登》,是战争时期上海出版的风俗杂志的选集,其实是由中国研究者竹内好收集的。

　　但是,竹内好没有使用这些隶属性的上海的形象。后来,我见到了这些东西,觉得很有趣,很有魅力,于是就编了那本选集。

　　不过,我终于见到了中国的研究者写作的《魔都上海》,作者把中国现代史敞开于世界史之中,让我感到既高兴又吃惊。

这本关于上海的书，是由出身于中国的研究者在日本写作的，这种"复眼"式的视点很有魅力。另外，以往的上海论著仅偏向于1920、1930年代，相对于此，对"摩登上海"成形之前的上海前史也颇得要领地加以论述，是本书的一大特征。在中国近代史这一宏大场景中，使"上海"浮现了出来，因此，让我们能够非常均衡地眺望中国史和那个上海时代。

我一边读着本书，一边思考着今后上海研究方面的几个课题。其中之一就是：如何评价战前和战时大量出版的"上海书"？应当如何阅读井上红梅、村松梢风等大陆浪人与中国通的中国报告？把它们一股脑地说成是"帝国主义式的、殖民地主义式的偏见"，"不过是色情、荒诞、无聊时代的谎话而已"，也不是不可以，但是，我们终究可以把这些风俗文学当作城市历史来阅读。从战时作为时局书出版的各种各样乱七八糟堆积如山的上海报告中，收集当时活生生的摩登都市上海的断片，是我的乐趣。

例如，在《大阪每日新闻》《东京日日新闻》记者绪方昇的《中国裸像》（大同出版社，1941年）中有如下之描写：

> 对国际性间谍活动来说，这是个强韧的场所。因此，利用上海的这一特性，搞各种活动。今天，从东洋到南洋、南美、印度，到处乱撒在厕所里的女人屁股的漫画，只要捡起一张把它翻过来，就变成了张伯伦的下巴。写了几行英国的弱点的彩色卡片、挖掉了希特勒的眼睛的反纳粹宣传卡片，以及英国和德国的其他传单、小册子之类——其中还混杂着中文和日文书写的东西——都是在上海租界里印刷的。

收音机、电影、报纸，凡此种种用于宣传和计谋的东西，已经在这里极度地发挥其功能。在上海租界，收音机没有管制。只要转动旋钮，就能调出几十个广播电台，收听外国电台亦无限制。事变前，活动的广播电台仅在上海就号称有六十个以上。这样的无管制现象，在电影、报纸、杂志那里也存在着。

不愧是新闻记者，他对当时上海媒体的状况作了身临其境般的报道。

在《魔都上海》中，作者从近代日本人自明治时代起积累的庞杂的上海体验中，面面俱到地拾取多种多样的都市风景，很是刺激。对被称作"中国通"的井上红梅予以关注，着实有趣。希望作者务必抽空写一写"中国通"的世界。

本书对魔都上海成形之前的历史作了详细周到的追溯，虽然很有意义，但读者希望看到更为详细的关于魔都本身的内容。也就是说，写到昭和时期，写到"上海摩登"的时候，页数比较少，把明治、大正、昭和三个时代的上海放在一册书中，显得过于紧凑了。

不过，所幸的是，在文库版中，作者增补了摩登上海的内容以及到现代上海为止的内容，为本书增添了新的魅力。特别是"装饰摩登空间的月份牌"的章节，我感到很有趣。月份牌是一种把年画（祝贺新年用的装饰性的传统木版画）与商业广告结合在一起的东西。既是招贴画，又是日历，这种平面视觉艺术装饰着摩登上海。这种招贴画在战时被用于政治宣传，跟绪方昇报道的上海媒体的状况有点关系。

这里的问题是，"魔都上海"与"上海摩登"之关系。上海被殖民统治，变成了魔都，这是走向摩登之路。今后的上海研究的另一个课题是，中国是如何接受摩登主义的？上海就是其最前卫的实验地。

我在研究巴黎、纽约等摩登都市时，经常会问：日本有摩登都市吗？于是写了《摩登都市东京》（中央公论社，1983 年；中公文库，2007 年）这本书。心想：既然日本也有，那么中国是否也有？

日本的摩登主义受到评价，我想是从 1960 年代左右开始的。日本被认为也有摩登都市，年代不会比这更早了。

那么，中国也有摩登都市吗？上海外滩林立的建筑群受到评价，并不是很久远的事，首先是由日本人再评价的。

终于，迎来了由中国人发现并评价中国的摩登主义的时代，我感觉这本书就是一个预兆。中国的摩登艺术史乃至亚洲的摩登艺术史必须写起来了。

如果有摩登都市上海这么回事的话，那么，它并不是孤立的，从北京到香港，中国的各大城市也应该是摩登的，我在访问大连和哈尔滨的时候就感觉到了，那里不由分说就是摩登都市。我想重新撷拾那些失去的记忆，重新呈现中国的摩登艺术史的姿态。

通读这本书，让我再一次感到的是，从初版的 2000 年到文库版的今天，这 10 年间的历史激荡。中国正朝着现代化、国际化的方向迈进，这让我想起了“文化大革命”结束后不久访问中国时看到的荒废景象。

在这 10 年的激荡时期，2000 年的时候尚不能奋笔直书的许多东西逐渐得到解禁，可以用新的视角书写了。大概是这个缘故吧，作者把自己新颖的想法渗透进了文库版的增补部分之中。

在初版的最后，写了《上海这个“他者”》章节。从 1840 年代到 1930 年代的百年间，上海对日本以及日本人起到了巨大作用：

“可以说，上海起着作为一个时时与日本‘国家’以及一个个‘日本人'的存在方式相对的外部'装置'（即一个巨大的'他者'）所起的作用。"

上海对日本来说是一个巨大的"他者"，这让人深感兴趣。也就是说，日本一边体验着这个"他者"，一边推进了近代化。因此，把上海跟日本的关系解释清楚，是理解近代日本的一把重要钥匙。作者是中国人，试图以上海为媒介来理解近代日本人的精神史。

这本书不仅是一本关于魔都上海的书，也是一本通过上海阐述日本的书。也就是说，本书在我们面前呈现出了上海映照的日本人的姿态。

但是，这本书，据说在中国也有读者市场，如何去读呢？我想知道的是，对于中国人来说，上海是否也是一个"他者"？特别是上海摩登，是不是一个"他者"？中国是如何通过上海这面镜子映照自己的，如何呈现在摩登主义中的？

借着上海这面镜子，中国和日本是如何映照自己的？带着这个思考，就可以从多个角度来读这本书了。抽掉上海这面镜子，中国和日本在文化上就谈不上具有共同点吗？

在现代上海超近代化的过程中，魔都上海时代真的已经一去不复返了吗？但是，从魔都时代迄今为止的历史如果早已死去的话，现代上海会不会只是一座空中楼阁，顷刻之间烟消云散？

魔都上海的历史联系着过去和现在，联系着中国和日本，使我们眼前浮现出与"他者"邂逅的情形。

# 附录　资本与革命和谐的都市

## ——世博会与世博会后的上海随想

刘建辉

　　去年夏天，我访问了睽违已久的上海。我因为参加了一个学术研讨会，所以没有时间悠闲地逛逛市内，不过，在会议的间歇，我见缝插针，去参观了市中心和闭幕后一年仍然向游客开放的世博会中国国家馆。打算走马观花式地学习一下这座城市的历史，大体上了解它的情况，但还是跟不上它近年的剧变节奏，像半个"乡下人"那样，到处觉得新鲜。以下，简单介绍一下参观途中的感想片断。

**图六十二　从外滩看浦东的景观（笔者摄影，以下相同）**

首先是资本的威力。曾经的上海，以外滩（Bund）和里面南京路的摩天楼群为其骄傲，但今天，这些大楼都显得很寒碜，城内到处林立着数十层的高楼大厦，尤其是新开发区浦东，呈现出前卫都市般的异样景观，宛如漫画一般。当然，仅从外观来看，无法了解它们的详细情况，但无疑都是由内外资本投资建造和运营的。1930 年代的摩天楼群，也是由美国为首的内外资本大量投资建造的，今天，其规模想必达到了数百倍、数千倍。但是，据说利用率或入住率不是很理想，可以说是"泡沫"的象征。

接着，令我稍稍感到意外的，是市中心建了很多革命纪念建筑物。以往引人注目的主要是那种被殖民统治性质的空间，作为革命城市的上海，却几乎见不到纪念建筑物。但今天，这种情况得到了改观，其程度不禁令人感到惊讶。例如，横光利一小说《上海》之背景的"五卅"运动（1925 年掀起的上海市民反帝国主义运动）的纪念碑，它坐落在市中心的人民公园（旧跑马场）内，碑座上刻着"五卅"运动领导人陈云挥毫的大字。另一座是外滩（Bund）黄浦公园（旧公家花园）内耸立的陈毅铜像。陈毅原本是活跃于中国东南部的新四军的领导人，指挥了解放上海战役，因此新中国成立后被任命为首任上海市长。这两个人物"坐镇"于租界时代的象征性场所，不禁让人默默地寻思上海的另一种历史意义。

最后，是建筑物的剧增，这是国家亦即当今执政者的政绩标志。君临于浦东黄浦江岸边、作为发展中的上海标志的电视塔——东方明珠是其中之一，而最具代表性的，毋宁是与市政府相邻的大型剧场——上海大剧院，1998 年落成，建筑面积六万三千平方米，高四十米，地下两层、地上八层，共十层，与位于北京天安门广场西侧的中国国家大剧院（2007 年落成，建筑面积十六万五千平方米，高四十六米）成双结对，分别在南方和北方定期或不定期地出演国家的庆典节目。另外，上海大剧院与市政府以及相邻的上海城市规划展览馆恰好形成一条直线，横贯前述的人民公园，气势恢宏地并立着。

图六十三　"五卅运动"纪念碑

乍一看，这三者似乎毫无关系，各自发挥着它们的空间功能，但仔细观察就会发现，它们绝不是单独地发挥功能，而是极其紧密地联动着，相互支撑着，成就了今天上海。也就是说，在这里，原本互不交融的"资本"和"革命"在上海拥有的特殊历史进程（被殖民统治—中国共产党革命—社会主义改造—市场经济化）中相互融合，非但不相互排斥,还构建了相互利用的关系。并且,执政者所代表的"国家",无疑以"资本"和"革命"为条件,将历史和现实巧妙地加以整合,创造出了这三者存在的合理性。让我深刻感悟的是,曾经的上海具备了一切近代和前近代的要素,在时空上产生出了非同寻常的混沌,只有作为招牌的"制度"在变,其内在的逻辑和结构本身却依然根深蒂固,顽强地生存着。

图六十四 改革开放 30 年成果展

然而,在街上所见到的这些表象特征,在世博会中国国家馆内以进一步浓缩的形式展现出来,这很令人吃惊,仿佛在不经意间,更为鲜明地看到了它们步调一致的"展示"。

国家馆的展览,从 10 分钟左右的录像《春天的故事》开始。似乎是为了迎合"城市让生活更美好"这一世博会主题,在这部影片中,依次出现了:告别了内陆农村的老父亲,和朋友一起朝着远方的城市走去,成为建筑工地一员的男子;同逐年变化的日益现代化的街区一起成长的这个男子的儿子；作为下一代的象征，在环保状态下出生的这个男子的孙子。就这样，一边交织着中国传统的"四世同堂"观念，一边自豪地展示着这30年（1978—2010年）来的大规模城市化的成果。其间，又不按时间顺序地穿插了经济开发区的成立、长江三峡大坝的建设、香港回归、四川大地震现场救援、北京举办奥林匹克运动会等国家大事，有效地援用了这些表象（图像和音效），真实地展示了走向现代化的大团结的现代中国。最后，人们共同走向的"未来"，无非是被自然环境包围着的外滩和浦东鳞次栉比的高楼大厦不断拔地而起的都市样貌。

　　紧接着录像的展览，是这30年来上海普通家庭居住空间的一系列变迁，好像在实证刚才录像里的内容。亦即1978年的时候，客厅和厨房间兼而为一，里面摆放着竹椅、收音机、双镜头照相机等家当，到了1988年的时候，在狭小的客厅里摆放着简易沙发、冰箱、缝纫机、收录机、黑白电视机、电话等家当，又到了1998年的时候，宽敞明亮的客厅里摆放着立体声音响设备、彩电、电脑等家当，真实地再现了"进化"的过程。

图六十五　1978 年的客厅空间

**图六十六　1998 年的客厅装饰**

当然,到了 2008 年,客厅已经是宽大的两层空间,里面摆放着高级品牌家具、羊绒地毯、音响系统、壁挂液晶电视。这未必就是现实,但确实是"生活更美好"的理想居住空间。

这 30 年改革开放"成果"展结束后,接着穿过了一段"历史隧道",眼前展开的,是举世闻名的《清明上河图》的世界。这幅北宋时代的绘画,前不久(2012 年 2 月 24 日)刚在东京国立博物馆展出。这次作为国家馆的最重磅的展览品,在展出前就已引人注目,正如其获得的好评那样,使用了极大尺寸数码投影等技术,真实地再现了原画的画面。近八百个人物、从郊外到城内的沿岸风景、街中的喧闹等等,栩栩如生地展现了九百年前首都开封的都市生活。这也从一个侧面窥见策划者迎合主题的良苦用心。

图六十七　《清明上河图》局部

　　不过，把中国历史上最繁荣的北宋"都市"与今日上海连接在一条直线上，即使有各种各样的条件限制，也不得不认为是简单粗暴了一点。特意掩饰两者的本质性差异以及其间的连续性和非连续性，把它们整合在一起，统摄于现在的"国家"之中，这种结构（这里采用的方式稍稍强硬了一点）与街上的表象恰成平行关系。当然，其他的展览（名为"探索之旅"的模仿迪士尼乐园"迷你世界"的"迷你古今名胜周游"等）也多多少少呈现出类似的倾向，在此就不作介绍了。

　　自 1840 年代租界开设以来，上海经常走在中国城市化的前列，成为当今世界上最大的城市之一。在此期间，经历了被殖民统治、社会主义化、市场经济化等制度性的变革，其空间内部沉淀了数不清的历史记忆。并且，它们通过自然或人工的融合，创造出了一种巨大的"混沌"，获得了独一无二的魅力和魔力。在此意义上，今天的上海，与百年前几乎未变。唯一令人稍感不同的，想必是国家这个"装置"开始比

**图六十八　中国国家馆外观**

以往更强有力地发挥功能。中国国家馆是组合式造型，由四根柱子支撑着一个巨大斗拱，被称为"东方之冠"。传统、革命、资本，所有一切被吸收进去的这个场馆，无疑让人见到了这个强大国家的缩影。不过，斗胆说一句，即便它"冠"于一时，也早晚会反过来被传统、革命、资本中的某一个要素吸收，这是毫无疑问的。唯其如此，这座城市的"逻辑"才会变得更加强韧。

# 译后记

《魔都上海》是旅日知名学者刘建辉先生用日文写成的一部学术著作，2000年由日本讲谈社出版，在日本颇受好评，可谓别开生面，雅俗共赏。受刘先生委托，由我翻译成中文，于2003年由上海古籍出版社出版。后来，刘先生应日本筑摩学艺文库之邀，在原书的基础上拓展了内容，补充了论述，于2010年出版了《魔都上海》增补版（筑摩书房），同样在日本有兴趣的读者之间广受欢迎。承蒙刘先生不弃，这次又授权我翻译《魔都上海》增补版，由凤凰出版社出版，我深感荣幸！

刘先生长期就学和任教于日本，现为日本京都国际日本文化研究中心教授，博士生导师，为人亲切谦和，治学扎实严谨，以理服人，令人钦佩，《魔都上海》及增补版是其代表作。这次重新翻译，使我有机会修正了旧译本中的诸多舛误不洽之处，消解了凝在心中二十年的心结，再次感谢刘先生！

这次新译《魔都上海》增补版，获得了南京大学学衡研究院的资助，被列为"学衡心史文丛"著作之一，在此我谨代表刘先生及我个人深表谢忱！出版期间，凤凰出版社的编辑对译稿提出了许多中肯、有益的意见，在此对他们一丝不苟的工作态度表示由衷的钦佩和感谢！

　　最后，敬请对"魔都上海"感兴趣的读者朋友们继续批评指正，一如既往。


甘慧杰

2022 年 10 月 22 日写于上海寓中